V&R

PSYCHODYNAMIK **Kompakt**

Herausgegeben von
Franz Resch und Inge Seiffge-Krenke

Cord Benecke

Psychodynamische Therapien und Verhaltenstherapie im Vergleich: Zentrale Konzepte und Wirkprinzipien

Vandenhoeck & Ruprecht

Bibliografische Information der Deutschen Nationalbibliothek

Die Deutsche Nationalbibliothek verzeichnet diese Publikation in der
Deutschen Nationalbibliografie; detaillierte bibliografische Daten sind
im Internet über http://dnb.d-nb.de abrufbar.

ISBN 978-3-525-40568-0

Weitere Ausgaben und Online-Angebote sind erhältlich unter: www.v-r.de

Umschlagabbildung: Paul Klee, »Blumenanlage im Park von V.«, 1936, Bern,
Zentrum Paul Klee/akg-images

© 2016, Vandenhoeck & Ruprecht GmbH & Co. KG,
Theaterstraße 13, D-37073 Göttingen /
Vandenhoeck & Ruprecht LLC, Bristol, CT, U.S.A.
www.v-r.de
Alle Rechte vorbehalten. Das Werk und seine Teile sind urheberrechtlich
geschützt. Jede Verwertung in anderen als den gesetzlich zugelassenen Fällen
bedarf der vorherigen schriftlichen Einwilligung des Verlages.
Printed in Germany.

Satz: SchwabScantechnik, Göttingen
Druck und Bindung: ⊕ Hubert & Co GmbH & Co. KG,
Robert-Bosch-Breite 6, D-37079 Göttingen

Gedruckt auf alterungsbeständigem Papier.

Inhalt

Vorwort zur Reihe 7

Vorwort zum Band 9

Vorbemerkungen 11

1 Divergenzen und Konvergenzen der Grundlagenmodelle ... 13
  1.1 Das Unbewusste in der Psychoanalyse
      und der Verhaltenstherapie 14
  1.2 Was macht »krank«? Triebe, Motive, Grundbedürfnisse –
      und Konflikte 18
  1.3 Affekte und Emotionen, Abwehr und Regulierungen ... 23
  1.4 Bedeutsame Beziehungsmuster: Repräsentanzen,
      Schemata, Übertragung 29
  1.5 Die Sicht auf den Menschen: Persönlichkeitstypologien
      und Strukturniveaus 32
  1.6 Fazit: Bedeutsame Differenzen trotz
      großer Annäherungen 36

2 Divergenzen und Konvergenzen in aktuellen
  Veränderungstheorien und -methoden 38
  2.1 Funktion und Nutzung der therapeutischen Beziehung 39
  2.2 Gegenübertragungsanalyse oder Beachtung
      der emotionalen Resonanz 48
  2.3 Vermittlung von emotionaler Einsicht 51

2.4 Arbeit am Strukturniveau oder Skill-Training,
Mentalisierung oder Achtsamkeit 55
2.5 Fazit zu den Veränderungskonzepten:
Ist jetzt alles gleich? 58

3 Implikationen für die Praxis: Kann man sich im
konzeptuellen Gemischtwarenladen beliebig bedienen? 63

Literatur 65

Vorwort zur Reihe

Zielsetzung von PSYCHODYNAMIK KOMPAKT ist es, alle psychotherapeutisch Interessierten, die in verschiedenen Settings mit unterschiedlichen Klientengruppen arbeiten, zu aktuellen und wichtigen Fragestellungen anzusprechen. Die Reihe soll Diskussionsgrundlagen liefern, den Forschungsstand aufarbeiten, Therapieerfahrungen vermitteln und neue Konzepte vorstellen: theoretisch fundiert, kurz, bündig und praxistauglich.

Die Psychoanalyse hat nicht nur historisch beeindruckende Modellvorstellungen für das Verständnis und die psychotherapeutische Behandlung von Patienten hervorgebracht. In den letzten Jahren sind neue Entwicklungen hinzugekommen, die klassische Konzepte erweitern, ergänzen und für den therapeutischen Alltag fruchtbar machen. Psychodynamisch denken und handeln ist mehr und mehr in verschiedensten Berufsfeldern gefordert, nicht nur in den klassischen psychotherapeutischen Angeboten. Mit einer schlanken Handreichung von 60 bis 70 Seiten je Band kann sich der Leser schnell und kompetent zu den unterschiedlichen Themen auf den Stand bringen.

Themenschwerpunkte sind unter anderem:
- *Kernbegriffe und Konzepte* wie zum Beispiel therapeutische Haltung und therapeutische Beziehung, Widerstand und Abwehr, Interventionsformen, Arbeitsbündnis, Übertragung und Gegenübertragung, Trauma, Mitgefühl und Achtsamkeit, Autonomie und Selbstbestimmung, Bindung.
- *Neuere und integrative Konzepte und Behandlungsansätze* wie zum Beispiel übertragungsfokussierte Psychotherapie, Schematherapie, Mentalisierungsbasierte Therapie, Traumatherapie, internet-

basierte Therapie, Psychotherapie und Pharmakotherapie, Verhaltenstherapie und psychodynamische Ansätze.
- *Störungsbezogene Behandlungsansätze* wie zum Beispiel Dissoziation und Traumatisierung, Persönlichkeitsstörungen, Essstörungen, Borderline-Störungen bei Männern, autistische Störungen, ADHS bei Frauen.
- *Lösungen für Problemsituationen in Behandlungen* wie zum Beispiel bei Beginn und Ende der Therapie, suizidalen Gefährdungen, Schweigen, Verweigern, Agieren, Therapieabbrüchen; Kunst als therapeutisches Medium, Symbolisierung und Kreativität, Umgang mit Grenzen.
- *Arbeitsfelder jenseits klassischer Settings* wie zum Beispiel Supervision, psychodynamische Beratung, Arbeit mit Flüchtlingen und Migranten, Psychotherapie im Alter, die Arbeit mit Angehörigen, Eltern, Gruppen, Eltern-Säuglings-Psychotherapie.
- *Berufsbild, Effektivität, Evaluation* wie zum Beispiel zentrale Wirkprinzipien psychodynamischer Therapie, psychotherapeutische Identität, Psychotherapieforschung.

Alle Themen werden von ausgewiesenen Expertinnen und Experten bearbeitet. Die Bände enthalten Fallbeispiele und konkrete Umsetzungen für psychodynamisches Arbeiten. Ziel ist es, auch jenseits des therapeutischen Schulendenkens psychodynamische Konzepte verstehbar zu machen, deren Wirkprinzipien und Praxisfelder aufzuzeigen und damit für alle Therapeutinnen und Therapeuten eine gemeinsame Verständnisgrundlage zu schaffen, die den Dialog befördern kann.

Franz Resch und Inge Seiffge-Krenke

Vorwort zum Band

Nach wie vor existiert eine starke Konkurrenz der »Schulen« im Bereich der Psychotherapie, nicht nur in Bezug auf die Krankenversorgung, sondern auch in Bezug auf das, was konzeptuell und therapeutisch für angemessen und effizient gehalten wird. In diesem Buch geht es um einen Vergleich zwischen den beiden auch international bedeutsamsten Richtungen, die Kognitiven Verhaltenstherapien und die Psychodynamischen Therapien. Zentrale Konzepte in beiden Therapieverfahren wie Vorstellungen zum Unbewussten, zu Beziehungsmustern, aber auch zum Menschenbild und zum therapeutischen Vorgehen werden historisch hergeleitet und miteinander in Beziehung gesetzt und die Konsequenzen für die therapeutische Praxis illustriert.

Cord Benecke versteht es, sehr differenziert die Gemeinsamkeiten und Unterschiede in den Grundannahmen der unterschiedlichen Therapieschulen herauszuarbeiten. Dabei kann er verblüffende Ähnlichkeiten aufweisen, die allerdings stärker durch eine Annäherung der Verhaltenstherapie an die Psychoanalyse als umgekehrt zustande gekommen sind. Auch zeigt seine sorgfältige Analyse, dass die Benutzung der gleichen Konzepte (wie Unbewusstes, Übertragung) noch lange nicht meint, dass dasselbe darunter verstanden wird oder gar das Gleiche therapeutisch getan wird. Es gibt zwar viele Berührungspunkte, aber keineswegs wird in der therapeutischen Praxis alles aus einem einzigen Grundgedanken gespeist. Diese Komplexität ist wichtig, dennoch: Es gibt keine verbindliche Metatheorie, die alle Unterschiede der Therapieschulen aus übergeordneter Sicht aufhebt. Gleichmacherei löst die alten Konflikte nicht. Trotz aller Annäherungen bleiben also interessante und bedeutsame Differenzen bestehen, und Therapeuten sollten gewarnt sein, sich gedankenlos aus dem »Warenkorb« zu bedienen. Was bleibt, ist der fruchtbare Dialog der Therapieschulen jenseits der wechselseitigen existenziellen Infragestellung. Ein sehr lesenswertes Buch für ein Grundverständnis der jeweils anderen Seite!

Inge Seiffge-Krenke und Franz Resch

Vorbemerkungen

Von den beiden bedeutsamsten Therapierichtungen, den Kognitiven Verhaltenstherapien (KVT) und den Psychodynamischen Therapien (PT), gilt die KVT als die mit Abstand am besten hinsichtlich ihrer Wirksamkeit untersuchte Psychotherapie. Allerdings hat die PT diesbezüglich in den letzten Jahren stark aufgeholt, was sich auch darin niederschlägt, dass PT mittlerweile wieder in verschiedenen Behandlungsleitlinien zu finden ist. Dass wir aber dennoch weit entfernt davon sind, dass die unterschiedlichen Ansätze gegenseitig anerkannt werden, zeigt sich zum Beispiel darin, dass nahezu jede Studie und jede Metaanalyse, die die Wirksamkeit Psychodynamischer Therapien zeigt, erbitterte Gegenpositionen von Vertretern der KVT nach sich zieht (z. B. Bhar u. Beck, 2009; Schramm u. Berger, 2011). Dabei gibt es an der allgemeinen Äquivalenz der Verfahren bezüglich der generellen Wirksamkeit kaum ernsthafte Zweifel (Wampold u. Imel, 2015).

Angesichts der theoretischen und behandlungstechnischen Weiterentwicklung in allen Verfahren stellt sich die Frage, worin sich die Krankheitsmodelle und die ihnen zugrunde liegenden Konzepte, im folgenden Grundlagenmodelle genannt, und die darauf aufbauenden Behandlungsstrategien überhaupt noch unterscheiden. Ursprünglich hatte ich für dieses Buch eine Gegenüberstellung von Kognitiven Verhaltenstherapien, Psychodynamischen Therapien und Humanistischen Therapien geplant, sowohl in Bezug auf die Grundlagenmodelle als auch auf die Therapietechnik. Dies hätte den Rahmen aber vollständig gesprengt. Da es sich um eine Buchreihe zur Psychodynamischen Therapie handelt, will ich stattdessen von den psychodynamischen Konzepten ausgehen und diese mit denen der Kognitiven Verhaltenstherapie vergleichen. Dieser Vergleich wird in zwei Bereichen vorgenommen: den Grundlagenmodellen sowie den Veränderungstheorien und -methoden. Insbesondere in Bezug auf die Behandlungsmethoden wird jeweils der Stand der Prozess-Ergebnis-Forschung dazu betrachtet.

Das Buch schließt mit einem kurzen Fazit zu Gemeinsamkeiten, nach wie vor bestehenden Unterschieden sowie aus der Forschung ableitbaren zentralen Wirkprinzipien.

1 Divergenzen und Konvergenzen der Grundlagenmodelle

Unter »Grundlagenmodelle« sollen hier die grundlegenden Konzeptionen über die Psyche des Menschen verstanden werden. Auf dieser Theorieebene werden grundlegende Aussagen über die das menschliche Verhalten und Erleben konstituierenden Prozesse gemacht, aus denen sich dann sowohl allgemeine Persönlichkeitstheorien ableiten als auch allgemeine Störungstheorien. Im Folgenden möchte ich – ausgehend von den aktuellen psychoanalytisch-psychodynamischen Kernkonzepten – prüfen, welche dieser Kernkonzepte sich auch in den Grundlagenmodellen anderer »Schulen«, insbesondere der modernen Verhaltenstherapie, wiederfinden und welche nicht.

Die psychoanalytischen Grundlagenmodelle – auch Metatheorie genannt – haben sich seit Freuds Zeiten immer weiter entwickelt und sind mittlerweile recht heterogen (ausführlich Ermann, 2008, 2012b, 2012a). Trotz der theoretischen Vielfalt innerhalb der Psychoanalyse lassen sich einige zentrale Aussagen finden, die weitgehend geteilt werden (vgl. Westen, 1998). Folgende Konzepte können als zentral für die psychoanalytischen Modelle benannt werden: das dynamische Unbewusste; eine Trieb- bzw. Motivationstheorie, damit verknüpfte Konflikte, Affekte und Abwehrprozesse; eine Theorie über basale psychische Funktionen; die zentrale Bedeutung von Beziehungserfahrungen (ausführlich Benecke, 2014a).

1.1 Das Unbewusste in der Psychoanalyse und der Verhaltenstherapie

Das Unbewusste galt lange Zeit als das zentrale konzeptuelle und klinische Merkmal der Psychoanalyse. Allerdings ist zu bemerken, dass auch die Verhaltenstherapie konzeptuell Aspekte des Unbewussten einbezieht, die im Folgenden genauer beleuchtet werden.

1.1.1 Das Unbewusste in der Psychoanalyse

Die These Freuds (1900, S. 617 f.), dass das Seelenleben im Wesentlichen unbewusst ist, bildet bis heute die fundamentale Grundannahme der Psychoanalyse. Im sogenannten »topischen Modell« unterscheidet Freud (1923) drei Bereiche des Bewusstseins: das Unbewusste, das Vorbewusste, das Bewusstsein. Im Bereich des Nicht-Bewussten wird eine für die Psychoanalyse wesentliche Unterscheidung getroffen:
- Deskriptiv unbewusst (Freud: »vorbewusst«) sind mentale Prozesse, die zum Beispiel durch die Fokussierung der Aufmerksamkeit leicht ins Bewusstsein gelangen können. Auch das sogenannte »Kognitive Unbewusste« (Kihlstrom, 1999), mit dem zahlreiche kognitive Prozesse ohne Beteiligung bewusster Wahrnehmung (z. B. Priming) bezeichnet werden, gehört eher in diesen Bereich.
- Dynamisch unbewusst meint hingegen, dass die unbewusst ablaufenden Prozesse der Regulierung von inneren Konflikten dienen und die Unbewusstheit dieser Regulierungen inklusive der darin wirkenden Impulse, Vorstellungen und Emotionen ein Ziel dieser Regulierungen darstellt. Als »Inhalte« des dynamischen Unbewussten finden sich Gedanken, Gefühle, Phantasien, Impulse, Wünsche, die im Laufe des Lebens aus dem Bewusstsein verbannt wurden; diese lösen bei ihrer Aktivierung Abwehr aus, damit sie unbewusst bleiben.

Zu den weiteren Annahmen gehört, dass im Unbewussten gespeicherte Erfahrungen laut Freud nicht verloren gehen, sie bleiben »unzerstörbar«: »Im Unbewußten ist nichts zu Ende zu bringen, ist nichts vergangen oder vergessen« (Freud, 1900, S. 583). Ein drittes Bestimmungsstück der Konzeption Freuds zum Unbewussten ist die mehrfache Determination (Freud, 1900). Durch den zentralen Mechanismus der Verdichtung wird schon die Bildung unbewusster Elemente, zum Beispiel unbewusster Phantasien oder Symbole, aus mehreren Quellen gespeist. Besonders trifft die Qualität der Überdeterminiertheit aber auf Symptome zu: Ein »Symptom ist also mindestens zweifach determiniert« (Freud, 1900, S. 542), da es als eine Kompromissbildung aus einem unbewussten Wunsch und einer sich dagegen stellenden Abwehr entsteht.

Andere Theoretiker haben sich mit »Schichten« des Unbewussten und deren »Inhalten« beschäftigt. So unterscheiden Sandler und Sandler (1985) zwischen dem Vergangenheitsunbewussten und dem Gegenwartsunbewussten. Das Vergangenheitsunbewusste enthält »die ganze Stufenleiter unmittelbarer, drängender Wünsche, Impulse und Reaktionen des Individuums, die früh in seinem Leben entstanden sind« (S. 802), inklusive der damals entwickelten Konfliktlösungen, die eine »imperative Qualität« erhalten. Werden diese frühen Repräsentanzen aktiviert, so greift die »erste Zensur«, und die Inhalte des Vergangenheitsunbewussten werden in eine »erwachsene Form« gebracht; diese stellen die Inhalte des Gegenwartsunbewussten dar. Üblicherweise lösen aber auch die in eine erwachsene Form gebrachten modifizierten Phantasien und Impulse negative Affektsignale aus (z. B. Scham), sodass eine »zweite Zensur« greift, der modifizierte Impuls muss erneut bearbeitet oder abgewehrt werden, sodass im Bewusstsein dann mehr oder weniger sozial angepasste/akzeptierte Abwandlungen auftauchen.

Seit einigen Jahren wurde über die Bildung sehr früher Repräsentanzen nachgedacht, die auf prozeduralen/impliziten Lernprozessen beruhen und insofern von vornherein unbewusst sind und auch bleiben, weil sie zu einer Zeit entstehen, da die Bildung expliziter autobiographischer Gedächtnisinhalte noch gar nicht möglich ist. Den Inhalt des nichtverdrängten impliziten Unbewussten bilden vornehmlich die frühen Objektbeziehungen, die sich als Repräsentanzen oder als innere Objekte darin niederschlagen, als körperlich verankerte (embodied) sensomotorische Koordinationen, als Interaktions- und Handlungsschemata, als Phantasien und Erwartungen (Schüßler, 2002).

Damit ist deutlich geworden, dass die Konzeption des Unbewussten in der Psychoanalyse eine komplexe Konstruktion ist, die sowohl einen Bezug zu eigenen früheren Erfahrungen, zum Krankheitsmodell als auch zu den Aktivitäten des Individuums zur Regulierung dieser möglicherweise konflikthaften Erfahrungen aufweist.

1.1.2 Das Unbewusste in der Verhaltenstherapie

Für die frühen verhaltenstherapeutischen Ansätze spielte das Unbewusste konzeptuell keine Rolle. Dies hat sich in den letzten Jahren geändert. Entsprechend der klaren neurobiologischen Befundlage gehen auch die modernen verhaltenstherapeutischen Modelle inzwischen davon aus, dass wichtige psychische Prozesse, die im Zusammenhang mit der Entstehung und Aufrechterhaltung von psychischen Störungen stehen, unbewusst sind (z. B. Grawe, 2004; Young et al., 2005; Caspar, 2007). Zwar wird des Öfteren betont, dass dieses Unbewusste nicht demjenigen der Psychoanalyse entspreche, der deklarierte Unterschied bezieht sich dann aber meist lediglich darauf, dass das psychoanalytische *Triebkonzept* abgelehnt wird, dass also im Unbewussten der Verhaltenstherapie keine *triebhaften Inhalte* (Impulse, Wünsche etc.) angenommen werden. Wie in Abschnitt 1.2 deutlich werden wird, entspricht dieses klassische Triebkonzept allerdings nicht mehr der modernen Psychoanalyse, sodass sich hier gegen etwas abgegrenzt wird, was auch innerhalb der Psychoanalyse kaum noch vertreten wird.

Ein zumindest auf den ersten Blick nach wie vor existierender Unterschied in der Konzeption von Unbewusstheiten zwischen kognitiv-behavioralen und psychoanalytischen Modellen besteht darin, dass es bei Ersteren im Wesentlichen um deskriptiv Unbewusstes geht, während die psychoanalytischen Modelle mit dem dynamischen Unbewussten (Abwehr-)Prozesse beschreiben, die kognitive Inhalte (Repräsentanzen), Motive/Impulse und Affekte aktiv aus dem Bewusstsein fernhalten. In diesem dynamischen Sinne unbewusste Inhalte (Kognitionen, Impulse oder Emotionen) und Prozesse (Abwehr, Regulierungsmechanismen) finden sich innerhalb der kognitiv-behavioralen Modelle nicht so explizit.

Implizit ist diese Form der Dynamik allerdings sowohl in Modellen als auch in klinischen Fallbeschreibungen enthalten: Caspar (2007) hebt hervor, dass in Situationen, in denen bedrohte Pläne eigentlich Angst erwarten lassen, weitere Pläne aktiviert werden, die Angst verhindern und dazu führen, »dass der Klient auf einem unspezifischen Gefühl ›sitzen bleibt‹ oder ein anderes, zum Beispiel ein aggressives Gefühl empfindet. […] Solche Pläne des Umgangs mit Gefühlen sind meistens in ihrer Entstehung lebensgeschichtlich weit zurückzuverfolgen« (Caspar, 2007, S. 83). Wilken (2002) beschreibt ein Fallbeispiel, in dem die »primären« negativen Emotionen Trauer und Wut zum aktivierenden Ereignis (A) einer ABC-Kette werden, die Bewertung (B) führt zu Reaktionen (C) mit Angst, Scham und Schuld auf die primäre Emotion. »Dies kann dazu führen, dass bestimmte primäre Emotionen überhaupt nicht mehr spürbar (›unbewußt‹) sind« (Wilken, 2002, S. 145). Damit wird deutlich, dass auch in der verhaltenstherapeutischen Arbeit eine gewisse Dynamik des Unbewussten bemerkt wird, die sich allerdings noch nicht konzeptuell niedergeschlagen hat. Das Konzept des Unbewussten in der Verhaltenstherapie ist weiterhin relativ deskriptiv und »triebfrei«.

Ein weiterer klarer Unterschied besteht darin, dass die meisten psychoanalytischen Modelle psychische Verarbeitungen von frühen Erfahrungen beschreiben, die dazu führen, dass die späteren unbewussten Repräsentanzen nicht die frühere Realität abbilden, sondern Produkte deren psychischer Verarbeitung sind, zum Beispiel durch projektive Prozesse veränderte Repräsentanzen von anderen. Dieser Aspekt fehlt in den verhaltenstherapeutischen Modellen, die die Inhalte des Unbewussten eher gemäß Bowlby und Stern konzeptualisieren, die die Repräsentanzen (»Arbeitsmodelle« bei Bowlby oder »RIGs« bei Stern) als prototypische Verdichtungen der realen Beziehungserfahrungen verstehen.

1.2 Was macht »krank«?
Triebe, Motive, Grundbedürfnisse – und Konflikte

Motivationstheorie wurde in der Psychoanalyse lange Zeit gleichgesetzt mit Freuds Triebtheorie. Die Trieblehre bildete gewissermaßen den Kern der psychoanalytischen Theorie und wurde von Freud mehrfach verändert.

1.2.1 Psychoanalytische Motivations- und Konflikttheorie
In der Trieb- und Libidotheorie sah Freud die Verbindung zu anderen Naturwissenschaften seiner Zeit. »Trieb« ist nach Freud ein »vorläufig noch ziemlich dunkler Grundbegriff« (Freud, 1915, S. 81). Daran hat sich bis heute nicht viel geändert.

Als Triebquelle wird ein »Erregungszustand im Körperlichen« (Freud, 1933, S. 530) gesehen, der das »Maß an Arbeitsaufforderung an das Seelenleben« (Freud, 1905, S. 67) stellt und als Wunsch oder Bedürfnis »psychisch wirksam« (Freud, 1933, S. 530) wird.

Trotz mehrfacher Veränderungen der Triebtheorie über einen Zeitraum von dreißig Jahren während Freuds Leben blieb die Triebtheorie (fast) immer dualistisch. Was sich im Laufe der Entwicklung der Triebtheorie veränderte, waren die Inhalte der Triebe, also die Annahmen über die dem menschlichen Verhalten zugrunde liegenden primären Kräfte. Die Triebe bei Freud sind aber streng genommen nicht mit Motiven gleichzusetzen, sondern sind als abstrakte Konstrukte, als allgemeine Prinzipien zu verstehen, aus denen dann dann spezifischere Motive hervorgehen, die sich wiederum als Impulse, Bedürfnisse, Wünsche, Phantasien und Handlungen manifestieren.

Eng verbunden mit dem Triebkonzept sind die Begriffe Lust und Unlust. Das Lustprinzip ist der Hauptregulator des psychischen Geschehens (Nagera, 1974). Im Es, in dem die triebhaften Bestrebungen nach Freud untergebracht sind, herrsche uneingeschränkt das Lustprinzip. Das Ich, dem Realitätsprinzip verpflichtet, kann aber »Einfluß auf die Vorgänge im Es« nehmen, »indem es mittels des

Angstsignals das fast allmächtige Lust-Unlust-Prinzip in Tätigkeit bringt« (Freud, 1933, S. 527).

Mittlerweile hat sich, wenn auch von den meisten Psychoanalytikern eher stillschweigend hingenommen, die An-/Einsicht verbreitet, »dass die metapsychologischen Annahmen der klassischen Psychoanalyse bezüglich des Triebbegriffs […] nicht mehr haltbar sind« (Mertens, 1994, S. 20). Heute werden die menschlichen Grundmotive auch innerhalb der Psychoanalyse wieder vermehrt in einem evolutionsbiologischen und evolutionspsychologischen Zusammenhang gesehen. Einige wesentliche Ergänzungen der psychoanalytischen Motivationstheorie seien hier aufgeführt, wobei diese Motive (im Gegensatz zu Freud) meist nicht mehr als »Abwandlungen« von Trieben betrachtet werden:

- Bedürfnis nach Bindung: eine primäre objektsuchende Motivation, Suche nach Bezogenheit der Liebe und Bindung (Fairbairn, 1952; Balint, 1966; Bowlby, 1969; Lichtenberg, 1991).
- Bedürfnis nach Sicherheit: Das Sicherheitsprinzip wird von Sandler (1960) als wesentlich erachtet, es stehe über dem Lustprinzip und sorge dafür, dass als gefährlich erachtete Triebimpulse unter Kontrolle gebracht werden.
- Streben nach Autonomie bzw. Individuation wird ebenfalls als ein zentrales Motiv angenommen (Erikson, 1966; Mentzos, 1984).
- Bedürfnis nach Selbstbehauptung und Exploration (Lichtenberg, 1991).
- Bedürfnis nach sinnlichem Vergnügen und sexueller Erregung (Lichtenberg, 1991).
- Kohut stellte den Selbstwert bzw. dessen Regulation ins Zentrum seiner Theorie (Kohut, 1971, 1979).
- Dem Streben nach Bildung einer Identität wird eine starke, spezifisch menschliche motivationale Komponente zugesprochen (Erikson, 1966, 1974; Thomä u. Kächele, 2006; Dammann et al., 2011).

Das Lustprinzip (Tendenz zur Lustsuche und Unlustvermeidung) wird meist nicht als eigenständiges Motivsystem betrachtet, sondern vielmehr als ein allen Motiven zugrunde liegender Mechanismus (Westen, 1997).

In jüngster Zeit gibt es einige Versuche, den »Trieb« neu zu konzeptualisieren. Die Grundidee dabei ist, als Trieb dasjenige Drängen zu verstehen, welches sich aus den im körperlich-prozeduralen Gedächtnis gespeicherten und nichtmentalisierten affektiven Erfahrungen speist (genauer siehe Benecke u. Brauner, 2016).

Freud postulierte, dass die Ursache von Neurosen in seelischen Kräften, die in Konflikt geraten sind, liegt: »Ohne solche Konflikte gibt es keine Neurose« (Freud, 1916–17, S. 362). Auch in den neueren Konzeptionen fokussiert die Psychoanalyse weiterhin auf unbewusste, innere Konflikte, also auf den »Zusammenstoß« unterschiedlicher Positionen innerhalb einer Person, die allerdings nicht notwendigerweise oder ausschließlich Triebkonflikte sein müssen, wie die Konfliktachse der OPD und OPD-KJ verdeutlicht. Auch nimmt man nach wie vor eine Entwicklungsgeschichte an: In der Kindheit dominieren äußere Konflikte mit Bezugspersonen, was dazu führen kann, dass die »anstößigen« Wünsche verdrängt und unbewusst gehalten werden. Da zentrale Teile eines solchen Konflikts (die infantilen Wünsche) dann unbewusst bleiben, kann der Konflikt nicht adäquat gelöst werden.

Psychische Konflikte bedürfen einer Aktivierung, damit sie ihre (pathogene) Wirkung entfalten, das heißt, der innere unbewusste Konflikt bedarf einer Verstärkung, sodass er aktuell wird. Die Aktualisierung geschieht durch die auslösende Situation, oft sind dies Schwellensituationen, die eine Lebensveränderung mit sich bringen, wodurch das bisherige Gleichgewicht durcheinander gebracht wird. Mit der Aktivierung des inneren Konflikts steigt auch die Affektintensität (z. B. Angst), das wiederum führt zu einer Verstärkung der Abwehr und schließlich zur Entwicklung der Symptomatik/Neurose als »Konfliktlösung«.

»Unbewusste intrapsychische Konflikte sind unbewusste innerseelische Zusammenstöße entgegengerichteter Motivbündel, z. B. etwa der basale Wunsch nach Versorgung und der basale Wunsch, autark zu sein. […] Der zeitlich überdauernde, psychodynamische Konflikt ist […] gekennzeichnet durch festgelegte Erlebnismuster eines Menschen, die in entsprechenden Situationen immer wieder zu ähnlichen Verhaltensmustern führen, ohne dass dies dem Menschen bewusst wäre und ohne dass er sich aus eigener Willensanstrengung überwinden könnte« (Arbeitskreis OPD, 2006, S. 96).

1.2.2 Motivation und Konflikt in anderen Therapieansätzen

Wurden Motive in der Verhaltenstherapie anfangs eher als bewusste Ziele konzipiert, werden heute ebenso basale Motivsysteme berücksichtigt und beispielsweise in Planstrukturen eingebettet: Basale Motivsysteme haben heute einen zentralen Stellenwert in den grundlegenden Modellen zur Entstehung und Aufrechterhaltung von psychischen Störungen (z. B. Grawe, 2004; Caspar, 2007; Young et al., 2005).

Grawe (2004) postuliert im Rahmen seines konsistenztheoretischen Modells des psychischen Funktionierens vier menschliche Grundbedürfnisse:
- das Bedürfnis nach Bindung,
- nach Lustgewinn/Unlustvermeidung,
- nach Orientierung und Kontrolle sowie
- nach Selbstwerterhöhung/Selbstwertschutz.

Diese Grundbedürfnisse sind bei allen Menschen vorhanden, deren Verletzung oder dauerhafte Nichtbefriedigung kann zu Schädigungen der psychischen Gesundheit und des Wohlbefindens führen. Im Umgang mit diesen Grundbedürfnissen lassen sich zwei Reaktionsformen unterscheiden: Annäherungsschemata entstehen in einer überwiegend auf Erfüllung der Grundbedürfnisse ausgerichteten Umwelt; das Individuum entwickelt aufgrund der positiven Erfahrungen ein »differenziertes Verhaltensrepertoire zur Realisierung der Ziele unter verschiedenen Bedingungen«. Vermeidungsschemata entstehen in einer Umgebung, »in der seine Grundbedürfnisse immer wieder verletzt, bedroht oder enttäuscht werden«. Sie dienen dem Schutz vor weiteren Verletzungen der Grundbedürfnisse. Insofern sind auch Vermeidungsschemata eine adaptive Entwicklung, sie können aber später den Weg zu Befriedigungen der Grundbedürfnisse verstellen. Es ist unschwer zu erkennen, dass die Vermeidungsschemata eine Nähe zu den Bewältigungsmodi (aktiv, passiv) im Konfliktkonzept der OPD (Arbeitskreis OPD, 2006; Arbeitskreis OPD-KJ, 2013) haben.

Das situative Erleben und Verhalten wird kontinuierlich daraufhin überprüft, »inwieweit die jeweils aktivierten motivationalen Ziele erreicht oder verfehlt werden« (Grawe, 2004, S. 189). Da die Aktivierung von motivationalen Zielen »immer mit starken Emotionen« einhergeht, führen Inkongruenz und Diskordanz (Grawe spricht hier von »einem motivationalen Konflikt oder von motivationaler Diskordanz«, S. 189) zu negativen Emotionen, bei dauernder oder wiederholter Nichterfüllung der Ziele kommt es zu einem »andauernd erhöhten Pegel negativer Emotionen«, die allerdings nicht notwendigerweise als bewusste Gefühle (z. B. Angst, Ärger, Enttäuschung) erlebt werden, sondern sich auch als »komplexer Stresszustand« manifestieren können.

Die Plananalyse von Caspar (2007) kann gewissermaßen als eine Konkretisierung, eine klinisch anwendbare Methodik von übergeordneten Schematheorien (z. B. Grawe, 1998) verstanden werden. Sie betont die interpersonelle Perspektive und integriert Motive und Emotionen in eine hierarchisch-instrumentelle Konzeption. Pläne können ersetzt werden oder sich gegenseitig blockieren. So kann es zu ziemlichen Entstellungen der eigentlichen Motive bzw. Grundbedürfnisse kommen, zum Beispiel wird aus dem Bedürfnis nach Zuwendung eines nach Anerkennung. Einzelne Elemente einer Planstruktur sind häufig »mehrfachdeterminiert« im Sinne von Ersatz- oder Kompromissbildungen (vgl. oben: psychoanalytische Modelle).

Auch im Modell der Schematherapie von Young (Young et al., 2005) haben »zentrale emotionale Bedürfnisse« einen hohen Stellenwert. Im Zentrum des Modells stellt Young frühe maladaptive Schemata: Das sind »schädigende emotionale und kognitive Muster, die früh in unserer Entwicklungszeit entstehen und unser ganzes Leben lang erhalten bleiben« (Young et al., 2005, S. 36). Diese Schemata entstehen wesentlich durch »Nichterfüllung zentraler emotionaler Bedürfnisse« in der Kindheit (S. 38). Young postuliert fünf zentrale, grundlegende emotionale menschliche Bedürfnisse, die als universell angenommen werden:

- sichere Bindungen zu anderen Menschen (schließt Sicherheit, Stabilität, nährende Zuwendung und Akzeptiertwerden ein);
- Autonomie, Kompetenz und Identitätsgefühl;
- Freiheit, berechtigte Bedürfnisse und Emotionen auszudrücken;
- Spontaneität und Spiel;
- realistische Grenzen setzen und selbst die Kontrolle innehaben.

Des Weiteren nennen Young et al. (2005) vier Arten von frühen Erlebnissen bzw. Verletzungen, die die Bildung von maladaptiven Schemata fördern:
- schädigende Nichterfüllung von Bedürfnissen,
- Traumatisierung oder Viktimisierung,
- zu viel des Guten,
- selektive Identifikation mit wichtigen Bezugspersonen.

Das Modell geht davon aus, dass bestimmte Verletzungen von Grundbedürfnissen zur Entwicklung bestimmter Schemata führen.

Es wird demnach deutlich, dass sich die Differenzierung nach Motivkatalogen in den verschiedenen therapeutischen Richtungen ähneln, dass sich allerdings die Dynamik und die Bedeutung für das Krankheitsmodell doch sehr unterscheiden, etwa die Sicht auf die Aktivitäten, die das Individuum »ausführt«, um mit Diskrepanzen fertig zu werden oder »unangemessene« Bestrebungen aus dem Bewusstsein fernzuhalten.

1.3 Affekte und Emotionen, Abwehr und Regulierungen

Angesichts der zentralen Funktionen, denen Emotionen und Emotionsregulierungsprozesse heute verfahrensübergreifend beigemessen werden (ausführlich Benecke, 2014a), ist es interessant, dass Emotionen sowohl in der psychoanalytischen als auch in der verhaltenstherapeutischen Theoriebildung anfangs eine sehr untergeordnete Rolle spielten und sich inzwischen die Sichtweise auf emotionale Prozesse in beiden Verfahrensgruppen fundamental geändert hat.

1.3.1 Affekte, Emotionen, Gefühle: Von den »Triebabkömmlingen« zu den »hot thoughts«

Affekte sind bei Freud größtenteils Epiphänomene von Triebprozessen: Emotionen, Affekte, Gefühle sind »Triebabkömmlinge«. Erst sehr viel später gesteht Freud den Affekten, insbesondere der Angst, einen von den Trieben in gewisser Weise unabhängigen Status ein (Freud, 1926): Die Angst dient dem Ich nun als Signal zur Mobilisierung von Abwehrmechanismen.

Klinisch spielten unbewusste »Gefühle« (z. B. unbewusste Schuldgefühle, unbewusste Aggression, unbewusster Neid usw.) von jeher eine große Rolle in den psychoanalytisch-psychodynamischen Störungstheorien und Behandlungskonzepten (Überblick in Döll-Hentschker, 2008). Mittlerweile werden die Affekte auch theoretisch als eigenständige Phänomene betrachtet, die eine zentrale Rolle sowohl in den Krankheitsmodellen also auch in den Veränderungstheorien spielen (vgl. Westen, 1997; Krause, 2012; Benecke, 2014a; Benecke u. Brauner, 2016).

Die Sichtweise von Emotionen innerhalb der verhaltenstherapeutischen Modelle hat einen geradezu radikalen Wandel vollzogen. Anfangs, in den strikt behavioralen Modellen, wurden Emotionen und emotionales Verhalten durchweg als negativ, ja störend angesehen (z. B. Watson, 1928). In der Frühphase des Klassischen Konditionierens wurden Emotionen bzw. emotionale Reaktionen auf die gleiche Stufe wie Reflexe gestellt. Therapeutisch fanden Emotionen vornehmlich dann Beachtung, wenn sie expliziter Teil der Störung waren, insbesondere die Angst bei Angststörungen.

Später gewannen die kognitiven Bewertungsmodelle (Lazarus, 1991) zunehmend an Bedeutung, sowohl im verhaltenstheoretischen Emotionsverständnis als auch bezüglich der Behandlungskonzepte (vgl. Ellis, 1991; Beck, 1983). In der kognitiven Therapie wird entsprechend an den »heißen Gedanken« (»hot thoughts«) gearbeitet, das sind diejenigen Kognitionen, die mit besonders intensiven Emotionen einhergehen.

Die kognitiven Modelle enthalten explizite Emotionsmodelle (z. B. Emotionen als Consequences im ABC-Modell), meist in der Form eines »post-kognitiven« Emotionskonzepts (Belz-Merk u. Caspar, 2002, S. 135), und entsprechen damit den lange Zeit dominierenden (kognitiven) Bewertungstheorien der Emotionen. Ebenso wie die grundlagenorientierten Bewertungstheorien später auch die Möglichkeit von »unbewussten« oder »proto-kognitiven« oder »automatischen« Bewertungsprozessen einräumten, gehen nun auch die kognitiven Therapieansätze nicht mehr von notwendigerweise bewussten Bewertungsprozessen aus, was therapeutisch beispielsweise in Interventionen wie der folgenden ihren Niederschlag finden kann: »Sie werden so unmäßig wütend, als ob Sie davon ausgingen, es stünde Ihnen zu, immer fair behandelt zu werden« (Belz-Merk u. Caspar, 2002, S. 135).

Zusammenfassend wird deutlich, dass Emotionen innerhalb der verhaltenstherapeutischen Konzepte nach wie vor überwiegend als Ergebnis, als vorwiegend negativer/unerwünschter Output von Reizverarbeitungsprozessen betrachtet werden. Emotionen haben damit in erster Linie Symptomcharakter oder dienen der Einordnung von Kognitionen als mehr oder weniger »hot«.

Bisher eher selten, und wenn, dann meist implizit in Falldarstellungen, finden sich Konzeptionen, in denen Emotionen nicht als Symptomäquivalente verstanden werden, sondern in denen für die Patienten schwierige, aber dem Bewusstsein nicht zugängliche Emotionen Ausgangspunkt für psychische Prozesse sind, welche dann dafür sorgen, dass diese schwierigen Emotionen auch unbewusst bleiben (z. B. Znoj, 2002; Wilken, 2002; Lammers, 2007; Caspar, 2007), womit eine konzeptuelle Nähe zum dynamischen Unbewussten der Psychoanalyse gegeben ist. Vielfach wird von KVT-Autoren auf die Unterscheidung zwischen primären und sekundären Emotionen (Greenberg, 2002; Elliott et al., 2008) zurückgegriffen, ein innerhalb der humanistischen Tradition entwickeltes Konzept, welches aber mittlerweile in die verhaltenstherapeutischen Modelle übernommen wurde (z. B. Lammers, 2007).

1.3.2 Abwehr und Regulierungsprozesse

Die psychodynamische Theorie fokussiert auf die unbewussten Regulierungen, traditionell als Abwehrmechanismen bereits in den Arbeiten von Anna Freud (1936) beschrieben und systematisiert. »Unter Abwehr verstehen wir alle intrapsychischen Operationen, die darauf abzielen, unlustvolle Gefühle, Affekte, Wahrnehmungen etc. vom Bewusstsein fernzuhalten bzw. sie ›in Schach zu halten‹. [...] Wir begreifen sie heute als habituelle, unbewusst ablaufende Vorgänge, die zwar primär Ich-Funktionen mit Schutz- und Bewältigungsaufgaben darstellen, die jedoch im Rahmen der neurotischen Konfliktverarbeitung letztlich dysfunktional werden« (Mentzos, 1984, S. 60).

Allerdings stellen die Abwehrmechanismen nur einen Teil der Emotionsregulierungsprozesse dar. Im Folgenden soll die Vielzahl von beschriebenen Emotionsregulierungsprozessen etwas systematisiert werden (Tabelle 1).

Tabelle 1: Versuch einer Systematik der Regulationsformen (aus Benecke, 2015)

	handelnd/interpersonell	intrapsychisch
unbewusst/ automatisch	Typ A: habituelle Handlungsregulation; implizite Beziehungsmuster	Typ B: Abwehrmechanismen; experiential avoidance
bewusst/ reflexiv	Typ C: Coping; volitionale Handlungsregulation	Typ D: kognitives Reappraisal; reflexive Emotionsregulation

Durch die Kombination der beiden Dimensionen unbewusst/automatisch vs. bewusst/reflexiv einerseits sowie handelnd/interpersonell vs. intrapsychisch andererseits lassen sich grob vier Typen von Emotionsregulierungsformen beschreiben:

Typ A: In den Bereich der *unbewussten/automatischen und handelnden/interpersonellen Regulationsformen* gehören spontane Aktionen, »automatisch bestimmte Handlungstendenzen« (Scherer, 1996, S. 306; vgl. auch Gross, 2001; Fonagy et al., 2004), wobei die Handlungen dann wieder auf die Emotionen zurückwirken.

Auch Muster im Beziehungsverhalten können dazu gerechnet werden, bei denen beispielsweise die jeweiligen Interaktionspartner zu bestimmten Handlungen »gebracht« werden (sollen), die einen regulierenden Effekt auf die Emotionen des Subjekts haben (Bänninger-Huber, 1996). Die vom Arbeitskreis OPD (2006) beschriebenen »Lösungsmodi« unbewusster Konflikte können ebenfalls weitgehend hier angesiedelt werden; sie können als komplexe, habituelle Emotionsregulierungsstrategien verstanden werden (vgl. Benecke, 2014a).

Typ B: Auf *unbewusster intrapsychischer Ebene* können die meisten der in der Psychoanalyse beschriebenen Abwehrmechanismen angesiedelt werden, die schon bei Freud (1915, S. 277) der »Unterdrückung der Affektentwicklung« dienten. Im verhaltenstherapeutischen Kontext findet sich das Konzept der experiential avoidance (Vermeidung von negativen Gefühlen, anderen inneren Erfahrungen, unangenehmen Gedanken und Körperempfindungen), was meist als nichtbewusste Strategie beschrieben wird (Sloan, 2004).

Solche unbewussten, automatischen Mechanismen und Muster, ob intrapsychisch oder interpersonell/handelnd (Typ A und Typ B), können überwiegend als *prozedural-dynamische Regulierungsprozesse* verstanden werden (Benecke, 2014a).

Auf der *bewussten, reflexiven Ebene der Emotionsregulation* (Typ C und Typ D) finden sich Reaktionsweisen, bei denen der Mensch aus einer großen Auswahl von möglichen Reaktionsweisen eine angemessene Strategie »wählen« kann. Bei der Emotionsregulation auf dieser »höheren« Ebene nimmt das Individuum seine eigenen Emotionen bewusst wahr und kann gleichzeitig den Gefühlszustand beeinflussen (Fonagy et al., 2004; Gross, 2001).

Typ C: Die Regulation kann durch *bewusst eingesetztes Coping* geschehen, wie zum Beispiel dem Problem-focussed Coping (Lazarus u. Folkman, 1984), das sich auf die emotionsauslösenden Bedingungen richtet, verbunden mit Versuchen, die Situation zu verändern. Auch das bewusste Unterdrücken (suppression, Gross, 2001) beispielsweise des Emotionsausdrucks oder bewusstes Ablenkungsverhalten können hier angesiedelt werden; ebenso die volitionale Handlungsregulation (Holodynski et al., 2013).

Typ D: Als *bewusste, intrapsychische Prozeduren* wurden verschiedene Regulierungsprozesse beschrieben, wie zum Beispiel das cognitive reappraisal (Gross, 2001), die reflexive Emotionsregulation (Holodynski et al., 2013) oder auch Achtsamkeit und Akzeptanz (z. B. Heidenreich u. Michalak, 2009). Psychodynamische Konzepte, die diese bewussten reflexiven Strategien abbilden, finden sich zum Beispiel im Konzept der mentalisierten Affektivität (Fonagy et al., 2004) oder in den vom Arbeitskreis OPD (2006) beschriebenen affektbezogenen »strukturellen Funktionen« (wie Affektdifferenzierung, Affekttoleranz oder die emotionale Kommunikation nach innen). Diese reflexiven, intrapsychischen Formen der Emotionsregulierung gelten allgemein als »reif« und »adaptiv«. Kennzeichnend ist, dass das Individuum die eigenen Emotionen (auch sehr negative) bewusst psychisch erleben kann, ohne sofort Gegenmaßnahmen ergreifen zu müssen.

Im psychodynamischen Kontext wird unter Reflexivität aber nicht nur die allgemeine kognitive Reflexionsfähigkeit verstanden. Vielmehr geht es hier um ein vertieftes, auch emotional verankertes Verständnis, um emotionale Einsicht. Der Unterschied wird zum Beispiel in den Dimensionen der OPD-Strukturachse (Arbeitskreis OPD, 2006) abgebildet, die eine reine »kognitive Wahrnehmungsfähigkeit« von der Fähigkeit unterscheidet, mit sich selbst und seinem Inneren in einen »emotional lebendigen Kontakt« zu treten, wodurch gemäß der Mentalisierungstheorie ein vertieftes Gefühl von Verstehen, von Sinnhaftigkeit und Kongruenz entsteht.

Sowohl die Erklärungs- als auch Behandlungsmodelle der KVT und PT fokussieren traditionell auf unterschiedliche Dimensionen der Emotionsregulierung: die KVT auf Typ C und Typ D, die PT auf Typ A und Typ B (mit einer Transformation in Richtung Typ D). Heute werden zwar grundsätzlich alle Regulationstypen in beiden Verfahrensgruppen anerkannt, die Schwerpunktsetzungen bleiben aber nach wie vor bestehen.

1.4 Bedeutsame Beziehungsmuster: Repräsentanzen, Schemata, Übertragung

War die differenzierte Beschreibung von (unbewussten und wesentlich in der Kindheit entstehenden) Repräsentanzen und Beziehungsmuster lange Zeit eine Domäne der Psychoanalyse, so besteht mittlerweile ein weitgehender verfahrensübergreifender Konsens darüber, dass sich frühe Beziehungserfahrungen innerpsychisch niederschlagen, das spätere Beziehungserleben und -verhalten stark beeinflussen und eng mit psychischen Störungen verknüpft sind.

1.4.1 Repräsentanzen und Übertragung in der Psychoanalyse

Im Kern gehen psychoanalytische Modelle davon aus, dass sich auf der Basis (meist früher) Beziehungserfahrungen sogenannte Repräsentanzen bilden. Diese Repräsentanzen vom Selbst (Selbstrepräsentanzen) und von bedeutsamen Anderen (Objektrepräsentanzen) sowie die zwischen Selbst und Objekt erwartbaren affektiven Interaktionen stellen Verdichtungen der frühen affektiven Erfahrungen dar, spiegeln aber nicht notwendigerweise die vergangenen Realerfahrungen wider. Die Repräsentanzen fungieren als eine Art unbewusster Schablonen, die in Alltagssituationen aktiviert werden. Freud (1905; 1910b; 1912) beschrieb Nachbildungen und Neubildungen vergangener Beziehungserfahrungen als wesentliches Element bei der Gestaltung aktueller Beziehungen.

Die Beschreibung der Charakteristika psychischer Störungen als repetitive Beziehungsmuster laufen unter den verschiedensten Begriffen: So spricht Freud (1912) von »Klischees«, Lorenzer (1970) von »szenischen Mustern«, Bowlby (1973) von »inneren Arbeitsmodellen«, Grawe (1987) von »Schemata« und Schneider (1983) von »kognitiven Systemen«, Horowitz (1979) von »states of mind«, Weiß und Sampson (1986) von »pathogenic beliefs«, Luborsky und Chrits-Christoph (1998) von »core conflictual relationship themes«, Stern (1992) von »RIGs« (Representations of Interactions that have been Generalized), Sandler (1995) von »Schablonen«. Obwohl die Bedeutung dieser Konzepte nicht deckungsgleich ist, besteht das Gemeinsame darin, dass sie die Niederschläge früher Erfahrungen darstellen; ihnen wird eine starke Wirkungsmacht zugeschrieben, die das Erleben und Verhalten wiederholend und in spezifischer Weise beeinflusst.

Im Kern der maladaptiven Zirkel stehen psychische Repräsentanzen (tief verankerte, innere Selbst- und Objektbilder und damit verknüpfte Affekte) – sie bestimmen die Wahrnehmung, die Interpretation, die inneren Schlussfolgerungen und Erwartungen und schließlich auch das Beziehungsverhalten. Diese Repräsentanzen, welche meist mit dem prozeduralen Gedächtnis in Verbindung gebracht werden (z. B. Stern, 1996), bilden die Basis für die sogenannte Übertragung. Mittlerweile liegen einige empirische Untersuchungen zu Übertragungsphänomenen vor (Übersicht in Benecke, 2014a), was dazu beigetragen haben könnte, dass diese Phänomene seit einiger Zeit auch in der KVT stärkere Berücksichtigung finden.

1.4.2 Schemata und Beziehungsmuster in der Kognitiven Verhaltenstherapie

Dieser »Lösungs-Charakter« respektive die »Abwehrfunktion« des realisierten Beziehungsverhaltens findet sich mittlerweile ebenfalls in einigen modernen kognitiv-verhaltenstherapeutischen Modellen über psychische Störungen, meist im Kontext von Persönlichkeits- oder anderen chronischen Störungen.

Das *Modell der Doppelten Handlungsregulation* (Sachse, 2004) beispielsweise postuliert, dass alle Patienten mit Persönlichkeitsstörungen interpersonelle Verhaltensstrategien als »Notlösungen« entwickeln, die darin bestehen, »solche strategischen Handlungen auszuführen, die Interaktionspartner zu bestimmten Verhaltensweisen veranlassen sollen, von denen die Person glaubt, dass diese Partner dieses Verhalten ›freiwillig‹ nicht ausführen würden« (Sachse, 2004, S. 16). Diese Verhaltensstrategien haben allerdings »Kosten«, was letztlich zur Stabilisierung der maladaptiven Schemata führt und zu einer Abschottung des Gesamtsystems, weil es aus Erfahrungen nicht mehr lernen kann.

Die *frühen maladaptiven Schemata* im Konzept der Schematherapie nach Young et al. (2005) bestimmen ganz wesentlich psychisches Erleben und Beziehungsgestaltungen. Zudem werden Bewältigungsstile und Bewältigungsreaktionen beschrieben, die der Regulierung der aktivierten Schemata dienen. *Dysfunktionale Verhaltensweisen* entwickeln sich *in Reaktion* auf ein Schema, Verhalten ist Bestandteil der Bewältigungsreaktion. Die maladaptiven Bewältigungsstile dienen letztlich der Aufrechterhaltung des Schemas; sie wirken im Allgemeinen unbewusst. Die Formulierung »Bewältigungsstile sind zur Zeit der Kindheit gewöhnlich angemessen und adaptiv, und man kann sie als gesunde Überlebensmechanismen ansehen. Maladaptiv werden sie, wenn das Kind älter wird, weil sie das Schema dann erhalten, obwohl die Lebenssituation sich verändert hat […] Maladaptive Bewältigungsstile halten Patienten letztlich in ihren Schemata gefangen« (Young et al. 2005, S. 68) greift fast wortwörtlich Anna Freuds (1936) Definition der Adaptivität von Abwehrmechanismen auf.

Meist werden die Beziehungsmuster aber nach wie vor als einfache Wiederholungen bzw. Aktualisierungen früher entstandener Beziehungsschemata verstanden. Das heisst, dem Beziehungsverhalten der Patienten und den beim Gegenüber dadurch ausgelösten interpersonellen Reaktionen wird keine dynamische Regulierungsfunktion zugeschrieben.

So werden chronisch despressive Patienten in der Perspektive des *Cognitive Behavioral Analysis System of Psychotherapy* (CBASP; McCullough, 2011; Brakemeier u. Normann, 2012) dadurch charakterisiert, dass sie häufig Hilflosigkeit und Elend ausdrücken, ein sehr submissives und überfordertes Verhalten sowie auffälliges Misstrauen in zwischenmenschlichen Beziehungen zeigen, verbunden mit nahezu unverrückbarer Überzeugung, dass nichts gegen die Depression getan werden kann, sowie mit rigiden und unbeeinflussbaren Verhaltensmustern (Brakemeier u. Normann, 2012, S. 27). Dies geht einher mit weiteren Charakteristika dieser Patienten wie das »soziale Empathiedefizit« oder die »interpersonelle Granitmauer«, die interpersonelle Lernprozesse verhindern und Folge von Lernprozessen sind. Ihnen wird keine dynamische Regulierungsfunktion (z. B. Abwehr von subjektiv noch schwerer zu ertragenden Zuständen oder Aggressionen) zugeschrieben.

1.5 Die Sicht auf den Menschen: Persönlichkeitstypologien und Strukturniveaus

Die Sicht auf den Menschen hat innerhalb der Psychoanalyse eine große Differenzierung erfahren. Die von ihr entwickelten Modelle zu Persönlichkeit und Persönlichkeitsstörungen lassen sich grob zwei Theoriegruppen zuordnen (vgl. Benecke, 2014a):
- Die Typologien orientieren sich zum Beispiel an der Libidoentwicklung (z. B. oraler, analer, phallischer Charakter; Freud, Fenichel); es werden »Modi der Konfliktverarbeitung« (depressiver Modus, zwanghafter Modus etc.; Mentzos, 1984) beschrieben. Diese Modelle beschreiben im Wesentlichen typische Kombinationen von konflikthaften unbewussten Trieben/Motiven/Impulsen und deren Abwehr.
- Die dimensionalen Strukturmodelle fokussieren auf basale psychische Funktionen, deren Reifegrad bzw. Verfügbarkeit die Persönlichkeit konstituiert. Diese Modelle basieren schwerpunktmäßig auf der Ich-Psychologie und der Objektbeziehungstheorie; es werden grundlegende Qualitäten des psychischen Funktionierens, meist in Form von Niveaus, beschrieben.

Die beiden Theoriegruppen werden für unterschiedliche Erkrankungsgruppen herangezogen: für Neurosen bzw. neurotische Persönlichkeitsstörungen einerseits und für strukturelle Störungen andererseits, wobei sich die typologische und die dimensionale Perspektive nicht grundsätzlich ausschließen (Benecke, 2014b). Beide Ansätze zur Beschreibung von Persönlichkeit und ihren Störungen finden sich in Variationen mittlerweile auch in anderen therapeutischen Verfahren.

1.5.1 Typenmodelle der Psychoanalyse und anderswo

Freud verstand Charakterzüge als »unveränderte Fortsetzungen der ursprünglichen Triebe, Sublimierungen derselben oder Reaktionsbildungen gegen sie« (Freud 1908, S. 209). Beim *oralen Charakter* beispielsweise dominiert das Thema der Versorgung, der Partialtrieb der »oralen Gier«; im späteren Leben zeigt sich bei diesem Typus ein dauerhaftes »Habenwollen« oder die Umwandlung durch Reaktionsbildung in »ich brauche nichts«. Später wurde die Rolle von Ich und Über-Ich sowie die Bedeutung der sozialen Umwelt stärker betont (Übersicht bei Hoffmann, 1984).

Die in der OPD beschriebenen Konfliktmuster und Lösungsmodi (Arbeitskreis OPD, 2006; Arbeitskreis OPD-KJ, 2013) können als moderne Varianten dieser Modelle der Persönlichkeitskonstituierung betrachtet werden. Hintergrund eines bestimmten Konflikts sind stets ein umschriebenes Motivsystem und damit verknüpfte Affekte, die dauerhaft abgewehrt werden müssen, sodass von »neurotischer Persönlichkeit« bzw. »neurotischer Persönlichkeitsstörung« gesprochen wird, sofern nicht zusätzlich gravierende strukturelle Beeinträchtigungen, die später in diesem Kapitel geschildert werden, vorliegen.

Die nichtpsychodynamischen typologischen Modelle beziehen sich im Bereich »Persönlichkeit« im Wesentlichen auf die kategorial abgegrenzten Persönlichkeitsstörungen gemäß DSM. Beck et al. (1999) beschreiben für jede Persönlichkeitsstörung typische kognitive Profile, indem für die jeweilige Persönlichkeitsstörungen typische (und recht starre) Ausformungen des Selbstbildes, des Bildes über andere, der Grundannahmen, der sogenannten konditionalen sowie instrumentellen Annahmen, typische Bedrohungen, Coping-Strategien und Affekte benannt werden.

Schmitz et al. gehen von einem eher dimensionalen Modell der Persönlichkeit(sstörung) aus, indem sie die »dysfunktionalen Stile (dysfunktionale Persönlichkeitsstile und Persönlichkeitsstörungen) als […] extreme Ausprägungen […], als ›Übertreibungen‹ der Persönlichkeitsstile [auffassen], die in unterschiedlichen Anteilen in jedem Menschen vorhanden sind. Dabei sind diese Stile durch eine geringe

Anpassungsfähigkeit und Flexibilität sowie mangelnde Fähigkeiten zur Stressbewältigung gekennzeichnet« (Schmitz et al., 2001, S. 37).

Young et al. beschreiben für jede Domäne typische Kindheitserfahrungen; zum Beispiel wurden Patienten, bei denen Schemata in der Domäne 1 bestehen, »als kleine Kinder im Stich gelassen, vernachlässigt oder zurückgewiesen. In ihrem Leben als Erwachsene werden ihre Schemata durch Ereignisse aktiviert, die sie (unbewusst) als jenen traumatischen Kindheitserlebnissen ähnlich empfinden. Wird eines dieser Schemata aktiviert, erleben sie eine starke negative Emotion wie Trauer, Scham, Furcht oder Ärger« (Young et al. 2005, S. 37). Die frühen maladaptiven Schemata verursachen zwar Leiden, sind aber vertraut und fühlen sich »richtig« an. Nach Youngs Modell bilden innere Schemata das Zentrum von Persönlichkeitsstörungen, und die im DSM-IV beschriebenen Verhaltensmuster sind primär Reaktionen auf diese zentralen Schemata. Für Persönlichkeitsstörungen gilt, »dass die Bewältigungsstile die Persönlichkeitsstörungen sind. Viele diagnostische Kriterien sind im Grunde Listen von Bewältigungsreaktionen« (Young et al., 2005, S. 74).

1.5.2 »Strukturelle« Störungen oder Levels of Personality Functioning?

In dieser Theoriegruppe wird die Persönlichkeitspathologie im psychoanalytischen Kontext in der Regel am Ausmaß der strukturellen Beeinträchtigung basaler psychischer Funktionen festgemacht. Ausgehend von der »Ich-Psychologie« (Freud, 1916-17) wurden Persönlichkeit und psychische Erkrankung ganz wesentlich durch die »Stärke« oder »Schwäche« der einzelnen Ich-Funktionen bestimmt, später wurde dies mit der Objektbeziehungstheorie verknüpft (z. B. Kernberg, 1976).

Die aktuell wichtigsten Strukturkonzepte sollen hier kurz skizziert werden (ausführlich Benecke, 2014a):
- Kernberg (1996) differenziert zwischen einem neurotischen, Borderline- und psychotischen Niveau der Persönlichkeitsorganisation. Die Niveaus unterscheiden sich im Ausmaß 1) der Integriert-

heit der eigenen *Identität,* 2) der Reife der *Abwehrmechanismen* und 3) der Fähigkeit zur *Realitätsprüfung.*
- Der Arbeitskreis OPD (2006; Arbeitskreis OPD-KJ, 2013) beschreibt auf der Strukturachse ebenfalls verschiedene basale Funktionen bzw. basale psychische Fähigkeiten in vier Bereichen (Fähigkeit zur Wahrnehmung, zur Steuerung, zur Kommunikation, zur Bindung), die jeweils einen Innenbezug und einen Außenbezug haben. Die vier Integrationsniveaus beschreiben, inwieweit eine Person die jeweilige Fähigkeit zur Verfügung hat oder nicht.
- Der Begriff der Mentalisierung bezeichnet die »Fähigkeit, sich mentale Zustände im eigenen Selbst und in anderen Menschen vorzustellen« (Fonagy et al., 2004, S. 31). Dies bezieht sich insbesondere auf Gefühle und Wünsche und deren Zusammenhang mit Verhalten und ist speziell in Kontexten von Bindungsbeziehungen relevant. Die sogenannte »mentalisierte Affektivität« (die es ermöglicht, auch sehr negative Affekte in sich wahrzunehmen, ohne diese sofort »wegmachen« zu müssen) wird von Fonagy et al. als die »höchste Form der Affektregulierung« gesehen.

Traditionell hat die Verhaltenstherapie kein eigenständiges Konzept analog der psychischen Struktur und daher auch nicht von strukturellen Störungen. Die »Strukturdimension« ist allerdings in einzelnen Problembereichen enthalten, wie mangelnde Impulskontrolle (z. B. Suizidalität und Selbstverletzungen bei Borderline), Affektdysregulation, »dichotomes Denken«, »Hyperemotionalität«, maladaptive Copingstrategien etc. In diesen Ansätzen wird Symptomverhalten, zum Beispiel die »dysregulated behaviors« der Borderline-Persönlichkeitsstörungen, als Versuche verstanden, negative Affektzustände zu beenden (Linehan, 1996; Selby et al., 2009). Auch im Kontext von Traumafolgestörungen werden »strukturelle« Phänomene beschrieben, denen ebenfalls eine regulative Funktionalität zugesprochen wird (z. B. Sack, 2010). Stenzel und Rief (2011) legen ein Instrument zur »Operationalisierten Fertigkeitsdiagnostik (OFD)« vor.

Die im DSM-5 für die Diagnostik von Persönlichkeitsstörungsstörungen empfohlene Skala *Levels of Personality Function Scale* ist sowohl vom Aufbau als auch bezüglich der Abstufungen der psychodynamischen OPD-Strukturachse ähnlich (Zimmermann et al., 2012). Es ist zu erwarten, dass mit den *Levels of Personality Function Scale* des DSM-5 die Konzeptentwicklung der Verhaltenstherapie die »Strukturdimension« in Zukunft stärker einschließen wird.

1.6 Fazit: Bedeutsame Differenzen trotz großer Annäherungen

Gemeinsamkeiten zwischen psychodynamischen und modernen kognitiv-verhaltenstherapeutischen Grundlagenmodellen können so zusammengefasst werden: Es besteht weitgehend Konsens darüber,
- dass basale Motivationssysteme eine zentrale Bedeutung im psychischen Geschehen haben,
- dass frühe Beziehungserfahrungen, insbesondere die damit verbundenen Affekte, sich in Form von im Wesentlichen unbewussten Schemata/Repräsentanzen abbilden,
- dass bei Aktivierung dieser unbewussten Schemata/Repräsentanzen Regulierungsprozesse (intrapsychische, interpersonelle) aktiviert werden,
- die zu spezifischen Erlebens- und Verhaltensmuster (u. a. Symptome, Syndrome) führen, sowie
- dass das »Strukturniveau«/Persönlichkeitsfunktionsniveau eine klinisch hoch bedeutsame Dimension darstellt.

Weiterhin bestehende Unterschiede in den Grundlagenmodellen sind:
- dass die unbewussten Schemata in der VT eher als prototypisierte Verdichtungen früher Realerfahrungen konzeptualisiert werden, während die unbewussten Repräsentanzen in der PT schon unter Mitwirkung von Regulierungs-/Abwehrprozessen gebildet werden,

- dass die VT im Wesentlichen ein deskriptives Unbewusstes beschreibt und sich das dynamische Unbewusste eher implizit in einzelnen Fallgeschichten findet, während das dynamische Unbewusste in den PT-Modellen im Zentrum steht,
- dass Emotionen innerhalb der VT nach wie vor überwiegend als negativer/unerwünschter Output von Reizverarbeitungsprozessen betrachtet werden, während die PT auf (dynamisch) unbewusste Emotionen fokussiert,
- dass die VT stärker auf bewusste/reflexive Emotionsregulierungsprozesse fokussiert, während die PT-Konzepte sich stärker auf die unbewussten/automatischen Regulierungsprozesse beziehen.

2 Divergenzen und Konvergenzen in aktuellen Veränderungstheorien und -methoden

Eine Veränderungstheorie beinhaltet alle Aspekte, die sich auf die Veränderung, Linderung oder Heilung psychischer Störungen beziehen. Die Frage »Was wirkt?« hat aus der Sicht der psychodynamischen Theorien einen starken Fokus auf drei Wirkfaktoren (vgl. DGPT, 2011; Benecke, 2014a):
- die Herstellung einer hilfreichen therapeutischen Beziehung sowie die Nutzung dieser,
- die Vermittlung von emotionaler Einsicht in die unbewussten Hintergründe von Symptomatik, Erleben und Handeln des Patienten sowie
- der Aufbau bzw. die Förderung von unzureichend zur Verfügung stehenden strukturellen Funktionen.

Analog zu den Grundkonzepten sollen daher im Folgenden die zentralen Elemente der psychoanalytisch-psychodynamischen Veränderungstheorie dargestellt werden, um sodann zu prüfen, welche dieser Elemente sich auch in den kognitiv-verhaltenstherapeutischen Veränderungstheorien wiederfinden und welche nicht. Für die im Folgenden diskutierten Wirkfaktoren werden die jeweils vorliegenden empirischen Belege dargestellt.

2.1 Funktion und Nutzung der therapeutischen Beziehung

In allen Behandlungskonzepten wird der therapeutischen Beziehung mittlerweile eine besondere Bedeutung für eine gelingende Psychotherapie zugesprochen. Die Funktion und damit auch die Nutzung der therapeutischen Beziehung unterscheiden sich allerdings weiterhin und können auf unterschiedlichen Ebenen betrachtet werden:
1. Therapiebeziehung als Arbeitsbündnis als notwendige Voraussetzung dafür, dass sich der Patient auf die Behandlung einlässt.
2. Therapiebeziehung als Instrument: Die vom Therapeuten mitgestaltete Beziehung ist ein Wirkfaktor per se.
3. Reflektierende und/oder deutende Bearbeitung der therapeutischen Beziehung.

Diese drei Aspekte werden im Folgenden näher beleuchtet. Dabei ist zu bedenken, dass in einer realen Therapiesituation unterschiedliche Aspekte gleichzeitig realisiert werden können und natürlich oft auch werden. Dennoch finde ich es wichtig, die unterschiedlichen Konzepte erst einmal differenziert herauszuarbeiten, da es sonst sehr schnell so aussieht, dass »ja alle irgendwie mit Beziehung arbeiten«, was zwar in gewisser Weise stimmt, aber dennoch nicht heißt, dass alle darunter das Gleiche verstehen, und schon gar nicht, dass alle das Gleiche machen.

2.1.1 Therapiebeziehung als Arbeitsbündnis
Die gebräuchlichste und von allen Behandlungsformen gleichermaßen als wichtig akzeptierte Konzeption ist die Therapiebeziehung als Arbeitsbündnis, auch als Allianz bezeichnet. Das Arbeitsbündnis wird als notwendige Voraussetzung dafür gesehen, dass sich der Patient auf die Behandlung einlässt und so die spezifischen therapeutischen Techniken überhaupt angewendet werden können und der Patient motiviert mitarbeitet (z. B. bei Kanfer et al., 2000).

Der weit überwiegende Teil der Forschung zur Bedeutung der Qualität der therapeutischen Beziehung bezieht sich ausschließlich auf dieses Konzept. Das gebräuchlichste Instrument zur Erfassung der Qualität der Allianz ist der *WAI* (Working Alliance Inventory; Horvath u. Greenberg, 1989), welcher drei Dimensionen erfasst: 1) Ziele: »client and therapist agreement on goals of treatment«, 2) Prozess: »client and therapist agreement on how to achieve the goals (Task agreement)« und 3) Bindung: »the development of a personal bond between the therapist and client«. Eine Metaanalyse von Horvath et al. (2011; basierend auf 200 Publikationen mit insgesamt über 14 000 Behandlungen) zeigt eine moderate, aber signifikante Korrelation zwischen der Qualität der therapeutischen Allianz und dem Behandlungserfolg, die Allianz klärt 7,5 % der Varianz im Behandlungserfolg auf.

Der Einfluss der therapeutischen Allianz auf den Behandlungserfolg wird heute eher als ein moderierender angesehen und es wird nicht von einem direkten kurrativen Effekt ausgegangen (Kazdin, 2009), was ja auch an der geringen Varianzaufklärung deutlich wird. Es sind also noch weitere Faktoren wirksam, die den Behandlungserfolg bestimmen.

Eine gute Arbeitsbeziehung entsteht oft nicht von selbst. Therapeuten unterscheiden sich bedeutsam in der Fähigkeit, eine gute Arbeitsbeziehung mit ihren Patienten aufzubauen (Baldwin et al., 2007). Horvath et al. (2011) geben (aus der Forschung abgeleitete) Praxisempfehlungen zum Aufbau einer guten Arbeitsbeziehung; sie betonen, dass die Qualität der Allianz auch in guten Behandlungen schwankt – wichtig ist, dass der Therapeut nicht defensiv auf negative oder feindselige Affekte des Patienten in Bezug auf die Behandlung oder die Person des Therapeuten reagiert.

Interessant ist der Ansatz von Safran et al. (2011), die Möglichkeiten beschreiben, Störungen im Arbeitsbündnis gemäß den drei Aspekten von Bordin zur »reparieren«: *repairing alliance ruptures.* Dies kann auf einer ganz oberflächlichen Ebene geschehen (z. B. das Therapieziel noch einmal zu wiederholen oder die Aufgaben und Ziele nochmal neu zu justieren bzw. auch zu verändern oder Missverständnisse mit dem Patienten zu klären). Die *ruptures* können laut

Safran et al. (2011) aber auch genutzt werden, um damit verknüpfte Schemata zu explorieren und/oder das problematische Geschehen in der Therapie mit anderen Lebenssituationen zu verknüpfen – dies entspricht dann schon einem anderen Nutzungskonzept der therapeutischen Beziehung, wie sie unten (»Bearbeitung der therapeutischen Beziehung«) beschrieben wird.

2.1.2 Therapiebeziehung als Instrument

Eine weitere Konzeption ist die der Therapiebeziehung als Instrument: Die vom Therapeuten mitgestaltete Beziehung ist ein *Wirkfaktor per se,* das heißt, das Beziehungsverhalten bzw. die Realisierung eines bestimmten Beziehungsangebotes des Therapeuten hat eine kurative Wirkung. Hier lassen sich zwei Ansätze unterscheiden:

a) Beziehung als globales Agens. Der Therapeut versucht, durch seine innere Haltung und durch das daraus abgeleitete Verhalten eine Beziehungsqualität herzustellen, die als solche heilende Wirkung hat.

b) Gezielte Gestaltung des Beziehungsverhaltens des Therapeuten in Abstimmung auf die spezifischen Motive und »Erwartungen« des jeweiligen Patienten, um dem Patienten eine individuell spezifische korrigierende emotionale Erfahrungen zu ermöglichen.

Beiden Varianten gemeinsam ist, dass dem Beziehungsverhalten per se eine »Heilwirkung« zugeschrieben wird und davon ausgegangen wird, dass der Patient eben diese oder eine ähnliche Beziehungserfahrung in seiner Kindheit nicht machen konnte, was zur Entwicklung der aktuellen Störung beigetragen hat. Unterschiede bestehen darin, ob dieses Beziehungsangebot mehr oder weniger für alle Patienten gleich sein soll oder ob es gezielt auf den individuellen Patienten zugeschnitten werden muss.

Die Konzeption der therapeutischen Beziehung als globales Agens hat vor allem in der Gesprächspsychotherapie Tradition (siehe z. B. Rogers, 1987; Höger, 2006). Die Wirksamkeit der drei Roger'schen Basisvariablen (empathisches Verstehen, bedingungsfreie positive

Beachtung, Kongruenz des Therapeuten) wurde empirisch untersucht, wobei sich insgesamt ein moderater, aber signifikanter Zusammenhang zwischen dem Ausmaß der Realisierung der Basisvariablen und dem Behandlungsergebnis zeigt (Übersicht in Benecke, 2014a). Beutler et al. kommen in ihrem Review allerdings zu dem Schluss, dass eine sehr empathische Haltung nicht für alle Patienten gleichermaßen von Vorteil ist, und meinen, dass »patients who are highly sensitive, suspicious, poorly motivated, and reactive against authority perform relatively poorly with therapists who are particularly empathic, involved, and accepting« (Beutler et al., 1986, S. 279).

Die Idee einer gezielt auf die spezifischen Motive und »Erwartungen« des jeweiligen Patienten zugeschnittenen Beziehungsgestaltung als bedeutsames Agens der therapeutischen Veränderung findet sich in verschiedenen aktuellen Behandlungsmodellen im verhaltenstherapeutischen Spektrum: zum Beispiel das Erfüllen zentraler (auch unbewusster) Bedürfnisse in der Bedürfnisorientierten Psychotherapie (Caspar, 2007) oder die gezielt geplante nichtkomplementäre Reaktion des Therapeuten (das heißt beispielsweise, sich bewusst nicht dominant, nicht entwertend etc. verhalten, um so den negativen Erwartungen des Patienten zu widersprechen) in CBASP (McCullough, 2011) oder im Konzept des »limited reparenting« in der Schematherapie (Young et al., 2005). Konzeptuell wird in diesen Ansätzen von durch das gezielte Beziehungsverhalten der Therapeuten vermittelten korrigierenden emotionalen Erfahrungen ausgegangen. Im Diskriminationstraining der CBASP wird zudem die Wahrnehmung des Unterschieds zwischen dem Therapeutenverhalten und dem früheren Verhalten der prägenden Bezugsperson explizit gefördert (z. B. »Welche Unterschiede können Sie sehen zwischen dem Verhalten Ihres Vaters und meinem?«), was zum Erleben von korrigierenden emotionalen Erfahrungen beitragen soll.

Dieses Konzept der *korrigierenden emotionale Erfahrung,* von Alexander und French (1946) systematisch ausformuliert (mit Vorläufern z. B. bei Rank u. Ferenczi, 1924, mit der »Nachnährung«), wurde innerhalb der Psychoanalyse schon in den 1950er Jahren ausführlich diskutiert – und überwiegend abgelehnt (vgl. Haynal, 1989), vor allem deshalb, weil man davon ausging, dass eine solche »Nachnährung« erstens gar nicht möglich ist und zweitens, dass dies die deutende Bearbeitung der unbewussten Konflikte (mit dem Ziel von »emotionaler Einsicht«, siehe unten) erschwert, wenn nicht sogar verunmöglicht, und dass drittens dadurch emotionale Abhängigkeiten und Infantilisierungsprozesse gefördert werden, die für die Entwicklung der Patienten schädlich sind.

Mittlerweile ist es zwar unstrittig, dass den »neuen Beziehungserfahrungen« innerhalb der Therapiebeziehung die Rolle eines therapeutischen Agens zukommt. Dabei wird es als zentral angesehen, dass sich der Therapeut anders verhält, als es die aus den frühen Erfahrungen entstandenen unbewussten Beziehungserwartungen des Patienten nahelegen. Allerdings besteht in diesen psychoanalytischen Konzepten nach wie vor nicht die Vorstellung, dass eine »Nachbeelterung« oder die Erfüllung von zentralen (unbewussten) Wünschen und Bedürfnissen per se ein zentrales Wirk-Agens darstellt. Stattdessen wird davon ausgegangen, dass diese quasi »empirische« Falsifizierung seiner pathogenen Überzeugungen in der therapeutischen Beziehung es dem Patienten ermöglicht, sich auf die diesen Überzeugungen zugrunde liegenden Erfahrungen mit dem dazugehörigen negativen affektiven Gehalt einzulassen und so *emotionale Einsicht* zu gewinnen.

Es wird daher auch nicht davon ausgegangen, dass das therapeutische Beziehungsverhalten gezielt auf die (unbewussten) Bedürfnisse des Patienten zugeschnitten sein sollte. Zwar unterstreichen etwa Thomä und Kächele (2006), dass der Patient *Neues am Objekt* entdecken können muss, dass der Therapeut innovatorisch wirken muss und dass das »Innovatorische« sich in den in der Beziehung zum Therapeuten gemachten neuen Erfahrungen findet. Diese für den Patienten neuen Erfahrungen werden nach psychoanalytischer Vorstellung internalisiert, sodass sich allmählich veränderte Repräsentanzen aufbauen können. Verinnerlicht werden aber nicht die bedürfniserfüllende Funktion des Therapeuten, sondern dessen analytischen Funktionen, zum Beispiel »die Art und Weise, wie er in Deutungen Zusammenhänge und Gemeinsamkeiten stiftet und Unterschiedlichkeiten herausarbeitet, welche Strategien zu affektiv-kognitiven Lösungen von Konflikten er einschlägt, wie er Fragen stellt, sein Umgang mit Affekten und mit der therapeutisch-psychoanalytischen Beziehung« (Thomä u. Kächele, 2006, S. 324) und sicher auch ganz allgemein die Erfahrung, dass der Therapeut ernsthaft an der Entwicklung des Patienten interessiert ist und mit ihm daran zu arbeiten immer wieder bereit ist. Entsprechend dient das aktive *repairing* von *ruptures* in der Beziehung auch nicht nur der Verbesserung der Allianz (Safran et al., 2011), sondern vermittelt dem Patienten gleichzeitig eine veränderungsfördernde neue Beziehungserfahrung, ohne dass es notwendig und sinnvoll wäre, das therapeutische Beziehungsverhalten spezifisch auf die Befriedigung der individuellen (unbewussten) Bedürfnisse des Patienten auszurichten.

Empirische Belege in Form von Prozess-Outcome-Studien für die spezifische Wirksamkeit der gezielten Beziehungsgestaltung gemäß Bedürfnisorientierter Therapie, CBASP und Schematherapie liegen meines Wissens nicht vor.

Ein weiterer Aspekt in der Beziehung als Insrtument ist die (partielle) Selbstöffnung des Therapeuten. Dies findet sich sowohl in der Gesprächstherapie (Rogers, 1987; Höger, 2006) als auch in den neuen verhaltenstherapeutischen Ansätzen wie CBASP und Schematherapie (McCullough, 2011; Young et al., 2005). Die Selbstöffnung des Therapeuten soll dazu beitragen, dass der Patient die therapeutische Beziehung als eine echte und authentische Begegnung erleben kann, die ihm eine authentische Rückmeldung über seine Wirkung auf andere geben und ihn außerdem dazu ermuntern kann, sich seinerseits wieder dem Therapeuten gegenüber zu öffnen.

Im psychoanalytischen Kontext wurde das »Prinzip Antwort« innerhalb der psychoanalytisch-interaktionellen Therapie von Heigl und Heigl-Evers bereits in den 1970er Jahren speziell für Patienten mit strukturellen Störungen entwickelt (Heigl-Evers u. Ott, 2002). Das »Prinzip Antwort« wird dadurch realisiert, »indem Sie dem Patienten die vermuteten oder wahrscheinlichen Gefühlsantworten alltäglicher Interaktionspartner und auch Ihre eigenen Gefühlsreaktionen *selektiv, aber authentisch* mitteilen. Dies trägt dazu bei, dass ihm ein Verständnis für seine oft unerklärlichen Schwierigkeiten im Zusammenleben mit seinen Mitmenschen möglich wird und dass die Selbst-Objekt-Differenzierung gestärkt wird« (Wöller u. Kruse, 2005, S. 260). Allerdings ist dieses Vorgehen im psychoanalytischen Kontext umstritten, da die Mitteilung über eigene Gefühlsreaktionen des Therapeuten an den Patienten beispielsweise dazu führen kann, dass Letzterer sich schuldig fühlt oder sein Verhalten und seine Mitteilungen gegenüber dem Therapeuten in der Folge versucht zu kontrollieren und somit die Bearbeitung der unbewussten Hintergründe dieses Verhaltens unter Umständen erschwert wird. Zudem ist die differenzielle Indikation für Selbstöffnungen (also die Frage, bei wem dies wann und in welchem Ausmaß angezeigt ist) nicht ausreichend geklärt.

Henretty und Levitt (2010) geben einen Überblick über empirische Studien zum Einfluss von Selbstöffnung von Therapeuten auf verschiedene Patientenvariablen. Es zeigen sich insgesamt relativ wenig konsistente Ergebnisse. In Bezug auf die Frage, bei wem Selbstöffnung Effekte hat, resümieren die Autoren, dass Selbstöffnung am ehesten erwogen werden könnte bei Patienten, mit denen eine positive therapeutische Allianz/Beziehung besteht, dass Selbstöffnung aber am besten vermieden werden sollte bei Patienten mit »poor boundaries«, bei Patienten, die die Bedürfnisse anderer mehr beachten als die eigenen, bei Patienten mit Persönlichkeitsstörungen sowie bei Patienten mit geringer Ich-Stärke oder Identität. Insgesamt weisen die Studien in die Richtung, dass sehr empathisches Verhalten und Selbstöffnung des Therapeuten bei Patienten mit strukturellen Störungen kontraindiziert sind. Dieses Ergebnis widerspricht deutlich den oben genannten Konzeptionen, die die Selbstöffnung gerade für diese schwer gestörten Patienten empfehlen, bzw. macht deutlich, dass dieses Instrument bei dieser Patientengruppe nur mit besonderer Vorsicht einzusetzen ist.

2.1.3 Bearbeitung der therapeutischen Beziehung

Die dritte Nutzungsart der therapeutischen Beziehung ist reflektierende und/oder deutende Bearbeitung der therapeutischen Beziehung. Auch hier lässt sich wiederum differenzieren:

a) Auftretende Interaktionsstörungen im therapeutischen Prozess werden aufgegriffen, um die damit verbundenen dysfunktionalen Kognitionen oder Schemata bzw. Repräsentanzen zu explorieren und zu bearbeiten.
b) Die therapeutische Beziehung wird als wichtiges Manifestationsfeld der inneren Schemata/Repräsentanzen und Konflikte gesehen; entsprechend wird das Augenmerk explizit darauf gelegt, um Verbindungen zu anderen Beziehungen und vergangenen Erfahrungen herzustellen.
c) Gezielte Vertiefung einer Übertragungsbeziehung; die vertiefende Bearbeitung der Übertragung im Hier und Jetzt der therapeutischen Beziehung steht im Vordergrund.

Die Übergänge zwischen diesen drei Varianten der Bearbeitung der therapeutischen Beziehung sind in der realen Praxis sicher oft fließend. Dennoch lohnt es sich, sie konzeptuell zu unterscheiden.

Bei der Nutzung von auftretenden Interaktionsstörungen im therapeutischen Prozess (a), um die dysfunktionalen Kognitionen oder Schemata zu explorieren und zu bearbeiten, wird die therapeutische Beziehung gewissermaßen als aktuelle Auslösesituation von dysfunktionalen Schemata/Repräsentanzen verstanden, welche nun exploriert und entsprechend bearbeitet werden, um die kognitiven Verzerrungen und damit verknüpften problematischen Interaktionsmuster zu bearbeiten. Diese Form ist mittlerweile in vielen Therapieansätzen etabliert (Beck et al., 1999; Wilken, 2002, 2006; Caspar, 2007):

»Der Therapeut sollte negative Reaktionen gegen sich zulassen, jedoch nicht willentlich herbeiführen. Er sollte wachsam sein bezüglich Anzeichen von Ärger, Enttäuschung und Frustration, die der Patient in der therapeutischen Beziehung erlebt. [...] Wenn die verzerrten Interpretationen darüber hinaus nicht entdeckt werden, sind sie weiterhin wirksam und können die Zusammenarbeit behindern. Werden sie aufgedeckt, so bieten sie häufig reichhaltiges Material zum Verständnis der Bedeutungen und Annahmen, die hinter den idiosynkratischen oder wiederholten Reaktionen des Patienten stehen. Der Therapeut sollte Ausschau nach verräterischen Anzeichen von ›Übertragungs‹-Kognitionen halten« (Beck et al., 1999, S. 57). Diese »Übertragungen« werden so verstanden, dass der Patient »auf der Basis verallgemeinerter Annahmen und Erwartungen auf den Therapeuten als Person reagiert« (Beck et al., 1999, S. 169). Die therapeutische Beziehung dient hier als Ausgangsmaterial der ABC-Bearbeitung: »Emotionen, die der Patient dem Therapeuten in der Sitzung entgegenbringt, können unmittelbar mit der ABC-Systematik aufgegriffen und analysiert werden und so modellhaft – als Modell auch für Interaktionen mit anderen Menschen – direkt bearbeitet werden« (Wilken, 2002, S. 146).

Die zweite Variante (b) beinhaltet, dass die therapeutische Beziehung nicht nur bei auffälligen Interaktionsstörungen aufgegriffen wird, sondern dass sie als zentrales Manifestationsfeld der inneren Welt des Patienten angesehen wird. Entsprechend wird das interaktionelle Geschehen (inklusive des eigenen Verhaltens, eigener Phantasien, Gefühle und Impulse) vom Therapeuten gewissermaßen beständig mitmonituriert. Die aus diesem Prozess gewissermaßen extrahierten Hypothesen über die Innenwelt des Patienten (Repräsentanzen, unbewusste Konflikte, dominante Motivsysteme, strukturelle Beeinträchtigungen, Affekte, Beziehungsmuster etc.) werden leitend für die Interventionen (siehe unten Abschnitt 2.3 »Vermittlung von emotionaler Einsicht«), um dem Patienten einen Zugang zu dieser Innenwelt zu eröffnen, um Verbindung zwischen aktuellem Geschehen in der therapeutischen Beziehung zu anderen Beziehungen und vergangenen (Kindheits-)Erfahrungen herzustellen, was ein vertieftes Verständnis des Patienten mit sich bringt. Dies kann als zentrales Vorgehen in psychodynamischen Therapien gesehen werden, ist mittlerweile aber auch in einigen kognitiven und humanistischen Ansätzen ausgearbeitet (ausführlich Benecke, 2014a).

Die gezielte Vertiefung der Übertragungsbeziehung (c) ist eine weitere Variante dieser Nutzungskonzeption. Die vertiefende Bearbeitung der Übertragung im Hier und Jetzt steht im Vordergrund. Die Entwicklung und Vertiefung einer regressiven Übertragungsbeziehung wird durch bestimmte Rahmen- und Technikvariablen unterstützt; hierzu zählen Frequenz und Setting und auf der behandlungstechnischen Seite insbesondere das konsequente Aufgreifen von Übertragungsanspielungen. Die Gegenübertragungsanalyse stellt einen zentralen Bestandteil dieses Vorgehens dar. Ziel ist es, die konflikthafte (oder strukturelle) Dynamik möglichst umfangreich in die therapeutische Beziehung einzubinden (»Übertragungsneurose«), sie in dieser Beziehung deutend zu explorieren, die sich gegen die Entwicklung und/oder Bewusstwerdung der Übertragung auftauchenden Widerstände zu bearbeiten und dadurch die unbewussten Determinanten der Persönlichkeit und psychischen Störung einer vertieften affektiven Einsicht zugänglich zu machen. Diese Konzeption der Nutzung der therapeutischen Beziehung ist bisher ausschließlich in psychoanalytischen Therapien zu finden.

Die Evidenz für die »Wirksamkeit« dieser drei Arten der Bearbeitung der therapeutischen Beziehung variiert: Für die Nutzung von Interaktionsstörungen im therapeutischen Prozess zur Bearbeitung dysfunktionaler Kognitionen gemäß (a) liegen meines Wissens keine systematischen empirischen Studien vor. Die Wirksamkeit der zentralen psychodynamischen Vorgehensweise gemäß (b) scheint durch die Prozess-Outcome-Forschung sehr gut belegt (siehe Benecke, 2014a). Zur speziellen Wirkung der von der Psychoanalyse beschriebenen und als zentral angesehenen Entwicklung und Vertiefung und deutender Bearbeitung einer (regressiven) Übertragungsbeziehung (c) liegt zwar eine Vielzahl klinischer Einzelfallbeschreibungen vor, meines Wissens gibt es aber ebenfalls keine empirischen Prozess-Outcome-Studien.

2.2 Gegenübertragungsanalyse oder Beachtung der emotionalen Resonanz

Die Gegenübertragung wurde anfangs als unbewusste neurotische Reaktion des Analytikers auf die Übertragungsneurose des Patienten und somit als Störfaktor bei der psychoanalytischen Arbeit gesehen (Freud, 1910a). Mit Heimann (1950) leitete sich eine Wende in der Auffassung ein, dahingehend, dass die Gegenübertragung nun als »Schöpfung des Patienten« angesehen werden. Daher kann die Gegenübertragung zum diagnostischen Hilfsmittel und in der therapeutischen Arbeit verwendbar werden (Thomä u. Kächele, 2006).

Als Gegenübertragung werden innerpsychische Reaktionen (wie Emotionen, Phantasien und Handlungsimpulse) des Therapeuten auf den Patienten verstanden. Die reale Umsetzung dieser Handlungsimpulse ins Verhalten wird als Gegenübertragungsagieren bezeichnet. Diese inneren Reaktionen des Therapeuten entstehen nach analytischer Auffassung unter dem interaktiven Einfluss des Patienten, sodass sie als Hinweise auf die unbewussten Beziehungsmuster, Konflikte, Repräsentanzen und strukturellen Vulnerabilitäten des Patienten diagnostisch genutzt werden können. Die sogenannte Gegenübertragungsanalyse dient dazu, sich dieser meist erst einmal unbewussten inneren Reaktionen bewusst zu werden.

Neben diesem (fortlaufend genutzten) diagnostischen Aspekt wird der Bearbeitung der Gegenübertragung auch eine direktere veränderungswirksame Funktion zugeschrieben, dergestalt, dass der Patient (bzw. sein Unbewusstes) die Erfahrung macht, dass seine für ihn selbst nicht aushaltbaren (und daher via projektive Identifizierung im Therapeuten »untergebrachten«) Affekte vom Therapeuten psychisch verarbeitet (»verdaut«) werden können. »Die projektive Identifikation […] ist ein psychischer Prozeß, der gleichzeitig eine Form der Abwehr, eine Art der Kommunikation, eine primitive Form der Objektbeziehung und einen Weg zu psychischer Veränderung darstellt« (Ogden, 1988, S. 9).

Eine solche psychische Verarbeitung der im Therapeuten »erzeugten« Affekte und Impulse, ein Durcharbeiten der inneren Konflikte des Patienten durch den Analytiker, ist auch die Voraussetzung der »Arbeit *in* der Übertragung« (Körner, 1989), sie ist die »Vorleistung«, die der Psychoanalytiker innerlich erbringt, bevor er deutet oder anderweitig interveniert (Körner, 2016).

Seit einigen Jahren wird die Gegenübertragung auch in der Kognitiven Verhaltenstherapie berücksichtigt. Beck et al. (1999) beschreiben beispielsweise typische Erlebens- und Verhaltensweisen von Patienten mit spezifischen Persönlichkeitsstörungen sowie typische kognitive und emotionalen Reaktionen der Therapeuten darauf. So stellen sich in der Behandlung von Patienten mit selbstunsicher-vermeidenden Persönlichkeitsstörungen aufgrund der Neigung, ihr »wahres« Selbst und die auftauchenden negativen Gefühle zu verbergen, und der damit verknüpften Zähigkeit in der Behandlung häufig zum Beispiel folgende Kognitionen beim Therapeuten ein: »Sie wird die Behandlung abbrechen, obwohl ich mich wirklich einsetze«; »Der mangelnde Fortschritt wirft ein schlechtes Licht auf mich«; »Ein anderer Therapeut würde besser mit ihr arbeiten können«. Aus solchen Kognitionen entstehen dann häufig Gefühle von Hilf- und Hoffnungslosigkeit. Die Kognitionen sollten laut Beck et al. (1999) vom Therapeuten überprüft werden, indem er sich den bisherigen Verlauf der Therapie nochmals anschaut und versucht, den tatsächlichen Fortschritt realistisch zu bewerten, und auch kleine Entwicklungen anerkennt.

»Die Kognitiven Konzepte liefern Therapeutinnen und Therapeuten in der therapeutischen Arbeit ›ad hoc‹ gute Möglichkeiten, ihre eigenen Gefühle dem Patienten gegenüber zu reflektieren [...] Die emotionalen Reaktionen des Therapeuten auf den Patienten (wie Enttäuschung, Ungeduld, Wut, Angst etc.) lassen sich in ›ABC‹-Zusammenhängen darstellen wie andere emotionale Reaktionen auch« (Wilken, 2002, S. 145, Hervorhebung im Original).

Die Gegenübertragungsgefühle werden in der KVT also nicht genutzt, um etwas über die Innenwelt der Patienten zu verstehen, sondern sie werden (ähnlich der Sicht des frühen Freud) als etwas Störendes betrachtet, was den Therapeuten und die Behandlung stark beeinträchtigen kann, und entsprechend sollen sie dann mittels bei sich selbst angewendeten kognitiven Techniken bearbeitet und möglichst beseitigt oder zumindest relativiert werden. In den neuen Konzepten werden Gegenübertragungsgefühle analog dem psychoanalytisch-interaktionellen »Prinzip Antwort« (siehe oben) dazu genutzt, um eine »authentische« Beziehung zum Patienten herzustellen und eine Rückmeldung über die durch das Verhalten des Patienten bei anderen hervorgerufenen Reaktionen zu vermitteln.

Es liegen kaum empirische Studien zum Einfluss von Gegenübertragung auf das Behandlungsergebnis vor. In der Metaanalyse von Hayes et al. (2011) zeigte sich, dass hohe negative Gegenübertragung mit schlechten Therapieergebnissen einherging, während Gegenübertragungs*managing* mit guten Behandlungsergebnissen korrelierte.

2.3 Vermittlung von emotionaler Einsicht

Die Vermittlung emotionaler Einsicht kann als Kernstück psychodynamischer Arbeit angesehen werden. »Einsicht« sollte hier aber nicht als kognitive Erkenntnis missverstanden werden oder als bloßes Erinnern vergangener Ereignisse. Vielmehr bezeichnet Einsicht im psychodynamischen Kontext einen Prozess, der zu einem bewussten emotionalen Erleben der bis dahin abgewehrten Wünsche und Affekte (z. B. Schuld, Angst, Enttäuschungswut, Trauer …) und Gewahrwerden der bis dahin unbewusste Verhaftungen in (»alten«) Beziehungsmustern führt. Einem bloßen Erinnern ohne die Aktivierung von Affekten im Hier und Jetzt der Behandlungssituation wird keine veränderungswirksame Funktion beigemessen (siehe schon Freud, 1912). Durch echte emotionale Einsicht können die bis dahin unbewussten Aspekte vom erwachsenen Ich auf »erwachsene« Weise verarbeitet und zur persönlichen Geschichte zugehörig integriert werden, wodurch sie ihre unbewusste Macht auf das Erleben und Handeln verlieren.

Das klassische Mittel zur Vermittlung emotionaler Einsicht ist die »Deutungsarbeit« (vgl. dazu z. B. Körner, 2015a). Deutungen sind »Mitteilungen des Analytikers an seinen Patienten, die der Aussage des Patienten eine Bedeutung zumessen, die über das bisherige bewusste Selbstverständnis des Patienten hinausgeht, so dass er zu der unbewussten Bedeutung seiner Verhaltensweisen und Worte Zugang bekommen kann« (Berns, 2000, S. 131).

Allerdings ist nicht die Deutung als »als isolierter verbaler Akt« wichtig, »sondern das *Prinzip der Deutung«,* »der geduldige *Deu-*

tungsprozess, welcher im Einzelnen auch Interventionen beinhalten mag, die im engeren Sinne keine Deutungen sind« (Werthmann, 1983, S. 154).

Eine Deutung im engeren Sinne ist die Verbalisierung einer *Hypothese* über einen unbewussten Sinnzusammenhang gerade bearbeiteter Phänomene. Dies liegt als Prinzip auch einem psychodynamischen Fokus zugrunde, der in seiner einfachsten Form aus zwei Teilen besteht: 1) der Formulierung des aktuellen Hauptproblems (expliziter Teil) und 2) der Hypothese über dessen unbewusste Hintergründe (psychodynamischer Teil), wobei expliziter und psychodynamischer Teil mit einer Kausalkonjunktion (»weil«) oder einer Finalkonjunktion (»um zu«, »um nicht zu«) verknüpft werden. *Beispiel:* »Die Verarbeitung des Todes meiner Mutter gelingt mir nicht, weil meine Hassgefühle gegenüber der Mutter die positiven Gefühle zerstören könnten« (Wöller u. Kruse, 2001, S. 72).

Beim psychodynamischen Teil geht es nicht darum, die »wahren« Hintergründe zu erfassen (das ist aus vielfachen Gründen gar nicht möglich, vgl. z. B. Körner, 2016). Ein solcher Fokus dient in erster Linie dem Therapeuten zur Orientierung und wird erst einmal als »stiller Fokus« formuliert. In der konkreten Deutungsarbeit ist es oftmals gar nicht notwendig, dass der Therapeut den psychodynamischen Teil verbalisiert. Entscheidend ist, dass die bisher abgewehrten Affektzustände hinreichend aktiviert werden. Sie dürfen aber auch nicht erneut die Verarbeitungskapazität übersteigen, sondern sollten – im Sinne der »therapeutischen Ich-Spaltung« – gleichzeitig bzw. oszillierend reflektiert/mentalisiert werden. Gelingt dieser Prozess, so kommt es zu einer Vertiefung und gleichzeitigen psychischen (Neu-) Einbettung des Erlebens in das Selbst, verbunden mit nachhaltigen Veränderungen der Selbst- und Objektrepräsentanzen.

Eine solche »aufdeckende« Arbeit wurde in der »traditionellen« KVT nicht explizit beschrieben. Hier liegt der Fokus auf der Veränderung der dysfunktionalen Kognitionen bzw. auf der »kognitiven Umstrukturierung« (de Jong-Meyer, 2009). Allerdings findet sich diese Vorgehensweise in diversen Fallbeschreibungen, in denen die

Patienten angeregt werden, das Erleben bisher vermiedener, unbewusster Emotionen zuzulassen, oft verbunden mit einer Bearbeitung der lebensgeschichtlichen Situationen, in denen diese entstanden sind.

Ein eindrucksvolles Beispiel findet sich bei Wilken, die die Behandlung einer Patientin mit Angstzuständen verbunden mit als sehr beängstigend empfundenen aggressiven Phantasien beschreibt. Ausgehend von der ABC-Bearbeitung einer aktuellen auslösenden Situation werden starke Affekte und damit verknüpfte Kindheitserinnerungen aktiviert. Die Therapeutin ermutigt die Patientin, diesen Affekten (Wut, Trauer) intensiv nachzuspüren. »Recht schnell gelang dann in der Sitzung die für die Patientin unmittelbar entlastende Umstrukturierung dieser alten verautomatisierten, ihr bis dahin nicht bewussten Bewertungsmuster [...] Erstmals gelang es der Patientin daraufhin, ihre Wut und ihre Traurigkeit wirklich zuzulassen und diese Gefühle nicht mehr als bedrohlich und als Zeichen einer in ihr schlummernden bösartigen Aggressivität zu bewerten. In zahlreichen weiteren Konfrontationsübungen mit typischen, früher ›automatisch‹ Angst auslösenden Stimuli (allein am Tisch im Restaurant sitzen, allein zu Hause sitzen, allein im Lehrerzimmer sitzen) wurden diese ›Einsichten‹ dann systematisch eingeübt« (Wilken, 2002, S. 144 f.).

Weitere Bespiele finden sich bei Sinderhauf (2009), die zwei Behandlungsausschnitte beschreibt (einen traumabezogenen und einen eher »neurotischen«; in beiden Ausschnitten geht es um schmerzliche Affekte in Verbindung mit frühen Erfahrungen mit der Mutter), die deutlich machen, wie auch innerhalb von Verhaltenstherapien auf die Aktivierung von mit kindlichen Erfahrungen verbundenen Emotionen und anschließende Integration mit neuen inneren Lösungsmöglichkeiten hingearbeitet wird.

Wichtig bei diesem Vorgehen der Fokussierung auf Emotionen der Vergangenheit ist auch aus KVT-Perspektive, dass diese Emotionen nicht nur erinnert werden: »Um die Validität der in der Kindheit entstandenen Schemata anhand der Realität zu überprüfen, müssen diese Annahmen an die Oberfläche gebracht werden. Das erneute Erleben einer Episode erleichtert das Auftauchen beherrschender Strukturen (der ›heißen Schemata‹) und den Zugang zu ihnen. Somit kann der Patient sie korrigieren« (Beck et al., 1999, S. 79).

Diese originär psychodynamische Behandlungsstrategie der Vermittlung von emotionalen Einsichten ist also mittlerweile auch in der KVT verbreitet. Der Einstieg in diese Arbeit erfolgt in der KVT häufig mittels Imaginationen (z. B. Beck et al., 1999; Young et al., 2005). »Ob wir diesen sehr komplexen und kreativen Behandlungsprozess, um den sich viele unserer verhaltenstherapeutischen Kolleg(inn)en bemühen, noch Verhaltenstherapie nennen sollten, bleibt zu diskutieren« (Sinderhauf, 2009, S. 14).

Ein Unterschied besteht am ehesten darin, dass in KVT meist sehr viel schneller in Richtung einer »rationaleren« Sichtweise der therapeutischen Beziehung (z. B. Beck et al., 1999) bzw. in Richtung einer nun »erwachsenen« Reaktion in Bezug auf problematische Kindheitserfahrungen (z. B. Wilken, 2006; Young et al., 2005) hingearbeitet wird. Allerdings kann es, insbesondere bei Vorliegen von Persönlichkeitsstörungen, auch mittels KVT Jahre dauern, bis die »kognitive Umstrukturierung« fest etabliert ist (Beck et al., 1999).

Deutliche Hinweise auf die Wirksamkeit der originär psychodynamischen Interventionsformen, auch innerhalb anderer Verfahren, liefert die Prozess-Ergebnis-Forschung. Zur Untersuchung der verfahrenstypischen Interventionen wurden einige Instrumente entwickelt. Hierbei werden video- oder audiographierte Behandlungsstunden (von in Bezug auf das Verfahren, die Behandlungsphase sowie das Behandlungsergebnis »verblindeten« Ratern) daraufhin eingeschätzt, ob bestimmte Interventionsformen in einer Sitzung tatsächlich angewendet wurden. Das Ausmaß, in dem das tatsächliche therapeutische Vorgehen einem Verfahrensprototyp entspricht, kann dann mit dem Behandlungserfolg in Beziehung gesetzt werden. Die bekanntesten Instrumente zur Erfassung verfahrensprototypischer Interventionen sind das Psychotherapy Process Q-Sort (PQS; Ablon u. Jones, 1998) sowie die Comparative Psychotherapy Process Scale (CPPS; Hilsenroth et al., 2005).

Die Ergebnisse der Prozess-Ergebnis-Forschung zeigen eine klare Richtung (ausführlich Benecke, 2014a): Prototypisch psychodynamische Interventionen (z. B. »Der Therapeut interpretiert verdrängte oder unbewusste Wünsche, Gefühle oder Überzeugungen«, »Der Therapeut stellt Verbindungen zwischen der therapeutischen Beziehung und anderen Beziehungen des Patienten her«) prognostizieren Behandlungserfolg, und zwar in allen Verfahren, auch innerhalb von KVT-Behandlungen, während prototypische KVT-Interventionen in den meisten Studien nicht oder sogar eher negativ mit dem Behandlungserfolg zusammenhängen. Die therapeutische Fokussierung auf (bisher abgewehrte negative) Affekte ist meist mit positiven Ergebnissen verbunden. Korrespondierend dazu zeigen etliche Studien, dass Aktivierung von (negativen, bisher abgewehrten/vermiedenen) Affekten bei Patienten sowie deren vertieftes Erleben und »Verstehen« im Verlauf mit Therapieerfolg zusammenhängen.

Insgesamt zeigen diese Prozessstudien, dass in erfolgreichen Behandlungen, mehr oder weniger unabhängig vom deklarierten Verfahren, ähnliche Interventionen angewendet werden und damit verbundene Prozesse auf Patientenseite einhergehen. Diese veränderungswirksamen Interventionsformen und Prozesse entsprechen deutlich mehr einem psychodynamischen Verständnis als einem (»klassisch«) kognitiv-behavioralen. Dies dürfte auch erklären, warum es innerhalb der KVT eine wesentlich stärkere Annäherung an psychodynamische Konzepte gegeben hat als umgekehrt.

2.4 Arbeit am Strukturniveau oder Skill-Training, Mentalisierung oder Achtsamkeit

Besondere Herausforderungen stellen Behandlungen von Patienten mit schweren Persönlichkeitsstörungen dar. Aufgrund der häufig auftretenden Probleme und Krisen, wie Suizidversuche oder Therapieabbrüche etc., wurden innerhalb der Verfahren spezifisch auf diese Patientengruppen zugeschnittene Behandlungskonzepte entwickelt.

Die meisten Konzepte beziehen sich dabei auf die Behandlung von Patienten mit Borderline-Persönlichkeitsstörungen (Dammann u. Janssen, 2007). Die psychodynamischen Behandlungsansätze beziehen sich dabei im Wesentlichen auf das Konzept der »strukturellen Störungen« (siehe Abschnitt 1.5.2).

Auch in diesem Bereich der spezifischen Ansätze zur Behandlung struktureller Störungen bzw. Borderline-Persönlichkeitsstörungen lassen sich Gemeinsamkeiten zwischen den Verfahrensgruppen finden. Gleichzeitig bestehen auch hier nach wie vor bedeutsame Unterschiede, auch zwischen Ansätzen innerhalb der Verfahrensgruppen. Die Gemeinsamkeiten betreffen beispielsweise die Besonderheiten des Rahmens dieser Behandlungen inklusive der Notwendigkeit, einen »Behandlungsvertrag« ausführlich zu besprechen und abzuschließen (Dammann u. Janssen, 2007).

Die therapeutischen Konzepte lassen sich grob entlang einer *Defizit-vs-Dynamik*-Dimension beschreiben.

Der bekannteste verhaltenstherapeutische Ansatz ist die *Dialektisch-behaviorale Therapie* (DBT) nach Linehan (1996). Die DBT geht zentral von einer (neurobiologisch bedingten) Affektregulationsstörung, einer angeborenen »Hyperemotionalität«, aus. Diese besteht aus einer erhöhten Sensibilität für emotionale Stimuli, einer extremen Intensität emotionalen Erlebens und einem verlangsamten Abklingen von Emotionen. Das Symptomverhalten wird als maladaptive Regulierungsstrategie von so entstehender hoher aversiver Anspannung gesehen. Entsprechend richtet sich die Behandlungsstrategie im Wesentlichen auf die Etablierung von funktionalen Affektregulierungsstrategien, wobei das sogenannte *Fertigkeitentraining* oder *Skill-Training* »als ›Kernstück‹ der DBT während der ersten Therapiephase gilt, also bei Patientinnen, die noch unter schwerwiegenden Störungen der Verhaltenskontrolle leiden« (Bohus, 2011, S. 631).

Vom konzeptuellen Grundansatz nicht unähnlich geht die *Strukturbezogene Psychotherapie* von Rudolf (2004) primär von strukturellen Defiziten (hier gemäß den Strukturdimensionen der OPD) aus. Es wird ein psychodynamischer Verständnishintergrund (genetisch wie auch aktualgenetisch) für die strukturellen Defizite verwendet; der therapeutische Umgang mit diesen Defiziten erfolgt allerdings strukturierter und mit mehr »Übungsanteilen« als in der PT üblich. Der Ansatz hinterfragt und untersucht die strukturellen Einschränkungen nicht nach ihrer Genese und konflikt- bzw. affektregulierenden Funktion, sondern sie werden »zunächst einmal als gegeben akzeptiert« (Grande, 2002, S. 244). Die (vielfältigen) Techniken zielen auf eine Verbesserung der strukturellen Funktionen, insbesondere der Wahrnehmungs- und Steuerungsfähigkeiten. Eine Bearbeitung der strukturellen Beeinträchtigungen in der Übertragungsbeziehung wird eher vermieden.

Die Übertragungsfokussierte Psychotherapie (Transference Focussed Psychotherapy, TFP; Clarkin et al., 2001) spricht auch den strukturellen Beeinträchtigungen sowie dem daraus entstehenden Handeln und Erleben des Patienten eine innerpsychische *Regulierungsfunktion* zu. Es wird davon ausgegangen, dass die Aktivierung unbewusster Aspekte (wie Wünsche, Affekte etc.) häufig die inneren Kontexte der strukturellen Auffälligkeiten sind. Entsprechend stellt sich der Therapeut als ein Gegenüber zur Verfügung, mit dem solche Muster inszeniert werden und der sich gleichzeitig gemeinsam mit dem Patienten um ein Verstehen dieser Muster bemüht. Die Übertragungsbeziehung wird als *das* Feld gesehen, auf welchem sich sowohl die strukturellen Auffälligkeiten als auch die dahinter liegenden Konfliktthemen und Affekte und deren Abwehr manifestieren und entsprechend bearbeitbar sind.

Die *Mentalisierungsbasierte Therapie* (MBT; Bateman u. Fonagy, 2008) nimmt insofern eine Zwischenposition ein, als dass sie die eingeschränkte Mentalisierungsfähigkeit zwar eher als Defizit betrachtet, deren Bearbeitung aber durchaus auch innerhalb der Übertragungsbeziehung (»Mentalisierung der Übertragung«) empfiehlt.

Es bestehen hier also recht deutliche Unterschiede sowohl in der Störungskonzeption als auch bei den daraus abgeleiteten Behandlungsstrategien. Zur DBT, TFP und MBT liegen RCT-Studien vor, die die Wirksamkeit der drei Methoden belegen. Die differenziellen

Effekte der unterschiedlichen Ansätze sind allerdings noch zu wenig empirisch untersucht, um belastbare Aussagen zu den Unterschieden machen zu können.

2.5 Fazit zu den Veränderungskonzepten: Ist jetzt alles gleich?

Insgesamt kann festgestellt werden, dass sich sowohl die Veränderungstheorie als auch die Behandlungstechnik der modernen KVT stark auf die psychodynamischen Konzepte zubewegt haben. Dies betrifft insbesondere die Bearbeitung der Biographie und der damit verknüpften (unbewussten) Affekte sowie die »Nutzung« der therapeutischen Beziehung.

Allerdings bestehen nach wie vor bedeutsame Unterschiede. In KVT wird sehr viel schneller in Richtung einer »rationaleren« Sichtweise der therapeutischen Beziehung (z. B. Beck et al., 1999) bzw. in Richtung einer nun »erwachsenen« Reaktion in Bezug auf problematische Kindheitserfahrungen (z. B. Wilken, 2006; Young et al., 2005) hingearbeitet. Regressive Übertragungsprozesse werden nicht gefördert, sondern allenfalls aufgegriffen, sobald sie auftreten, und auch dann wird versucht, recht rasch wieder zu einer rationalen Sichtweise zu gelangen oder die Unterschiede zwischen prägenden Bezugspersonen und dem Therapeuten zu betonen.

Der größte Unterschied besteht aber wahrscheinlich in der grundlegenden Haltung der Therapeuten. Die generelle Haltung in der PT kann dabei als eine Wahrnehmungseinstellung betrachtet werden, die sich einerseits für alle Äußerungen (verbale und nonverbale) des Patienten offen hält, die mit der im Stillen gestellten Frage »Was passiert hier gerade zwischen uns?« verbunden ist, und die andererseits gleichzeitig beständig auf der empathischen Suche nach den abgewehrten Wünschen, Phantasien und Affekten ist. Bei dieser Suche werden insbesondere auch eigene Impulse, Phantasien und Affekte, die der Patient im Therapeuten auslöst, genutzt (Gegenübertragungsanalyse). Diese Wahrnehmungseinstellung wird verbunden mit einem geduldigen und behutsamen Hinlenken oder besser Einladen des Patienten, sich mit den unbewussten und meist schmerzlichen Affekten auseinanderzusetzen. Dabei liegt der Fokus nicht auf der raschen Etablierung rationalerer Sicht- und Lösungsmöglichkeiten (Ausnahmen allenfalls temporär in der Behandlung schwerer struktureller Störungen), sondern es geht darum, den Mustern des Patienten erst einmal einen Raum zur Entfaltung bereitzustellen, insbesondere auch in der therapeutischen Beziehung. Letzteres beinhaltet, sich als Therapeut in die Beziehungsmuster zumindest vorübergehend verstricken zu lassen sowie Verwirrung und Nichtverstehen zulassen zu können (vgl. Körner, 2015b) und sich offen zu halten für die Entdeckung neu auftauchender Aspekte. Gleichzeitig beinhaltet diese Haltung auch potenzielle Nachteile, zum Beispiel dass Therapeuten die Orientierung darüber verlieren, wo sie im Prozess mit ihren Patienten gerade stehen, was jetzt fokussiert bearbeitet werden sollte (und was nicht), welche spezifischen Techniken gerade jetzt den Patienten bei der Bearbeitung seiner Kernproblematik gezielt weiterbringen können.

In der KVT, auch in den modernen Konzepten, dominiert hingegen nach wie vor eine Haltung der rationalen Steuerbarkeit psychischer Prozesse. Diese Haltung hat viele Vorteile, insbesondere für angehende Therapeuten, denen die klar strukturierten und systematisch ausgearbeiteten Behandlungskonzepte rascher ein Gefühl der Sicherheit geben, was als bedeutsamer Faktor im Veränderungsprozess gesehen werden kann. Es bestehen aber auch Nachteile, etwa dergestalt, dass Prozesse (und insbesondere solche innerhalb der therapeutischen Beziehung), die anders verlaufen, als im jeweiligen Manual beschrieben, dann unter Umständen mit einem eher rigiden Rückgriff auf das Behandlungsrational beantwortet werden, wodurch notwendige Adjustierungen sowohl der Behandlungsstrategie als auch der Beziehungsgestaltung ausbleiben (vgl. dazu die aufschlussreiche Studie von Castonguay et al., 1996). Diese Haltung der Steuerbarkeit findet sich auch in den Konzepten zur Nutzung der therapeutischen Beziehung wieder: Das therapeutische Beziehungsverhalten soll zum

Beispiel gezielt den Grundbedürfnissen des Patienten angepasst werden, in der Vorstellung, dass dadurch gezielte korrigierende emotionale Erfahrungen vermittelt werden können. Eine Vorstellung, die aus psychodynamischer Perspektive eine geradezu mechanistische Sicht der therapeutischen Beziehung widerspiegelt.

Daher gilt die Charakterisierung der »Verfahrensprototypen«, wie sie durch die Prozessforschungsinstrumente (z. B. PQS, CPPS, siehe oben) erfasst werden, im Wesentlichen auch heute noch (vgl. Shedler, 2011; Benecke, 2014a):

Der *psychoanalytisch-psychodynamische Prototyp* betont den unstrukturierten Dialog: offene Besprechungen (z. B. von Phantasien und Träumen); Identifizierung von sich wiederholenden Themen im Erleben des Patienten; Verbinden der Wahrnehmungen und Gefühle des Patienten mit vergangenen Erfahrungen; Lenkung der Aufmerksamkeit auf für den Patienten als unakzeptabel erlebte Gefühle; Aufzeigen von Abwehrmanövern; Interpretation von Widerstand oder unbewussten Wünschen, Gefühlen oder Phantasien; Fokussierung auf die therapeutische Beziehung; Verbindungen zwischen therapeutischer Beziehung und anderen Beziehungen.

Der *kognitiv-behaviorale Prototyp* betont einen mehr fokussierten Dialog: die Strukturierung der Interaktion und die Einführung von Themen durch den Therapeuten; Therapeut hat mehr didaktische oder edukative Funktion; Therapeut bietet explizite Anleitung und Rat; Besprechung der Behandlungsziele des Patienten; Erläuterung der Rationale hinter der Behandlungstechnik; Fokussierung auf die gegenwärtige Lebenssituation des Patienten; Fokussierung auf kognitive Themen wie Gedanken und Überzeugungen; Besprechung von Aufgaben und Aktivitäten des Patienten außerhalb der Behandlungsstunden.

Als zentraler Wirkprozess in allen Psychotherapieverfahren kann wohl die wiederholte Aktivierung der bisher als nicht bewältigbar erfahrenen (meist schmerzlichen und/oder subjektiv bedrohlichen und daher abgewehrten/vermiedenen) Affekte bei gleichzeitiger kognitiver Verarbeitung betrachtet werden. Die schmerzlichen und/

oder problematischen Affektzustände müssen hinreichend aktiviert werden. Sie dürfen aber auch nicht erneut die Verarbeitungskapazität übersteigen; daher ist die Entwicklung und Etablierung adaptiverer Regulierungskompetenzen von zentraler Bedeutung. Da die unbewussten Schemata/Repräsentanzen und die damit verbundenen Regulierungsprozesse eine hohe Stabilität besitzen, sind meist wiederholte Durchläufe von Aktivierung und veränderter Bewältigung notwendig.

Angesichts der oben dargestellten Unterschiede in den »Verfahrensprototypen« kann vermutet werden werden, dass zwar beide Verfahren (und beide prototypischen Haltungen) diesen zentralen Wirkprozess implementieren, dass es aber dennoch zumindest graduelle Unterschiede auch im Ergebnis gibt.

Da die KVT sehr klar auf die direkte Etablierung adaptiver Sicht- und Funktionsweisen fokussiert, werden meist recht rasch funktionale Bewältigungsstrategien für die vormals schlecht oder gar nicht bewältigbaren Affekte entwickelt, was auch zum positiven Behandlungsergebnis auf Symptomebene führt. Die neuen, funktionaleren Regulierungen bleiben aber vermutlich tendenziell eher auf der Ebene von top-down-Strategien, das heißt, dass nun bei Aktivierung der alten Muster/Schemata/Affekte bewusst »verbesserte« Regulierungen eingesetzt werden.

Die Arbeit gemäß dem psychodynamischen Prototyp (und der prototypischen Haltung) braucht etwas mehr Zeit, dürfte aber dazu führen, dass die ehemals das psychische Geschehen unbewusst steuernden Affekte, mitsamt den dazu gehörigen (lebensgeschichtlichen) repräsentationalen und motivationalen Aspekten, ins bewusste Selbst integriert werden können, wodurch ein höheres Maß an Kongruenz und Konsistenz entsteht, wodurch sich eine bottom-up-Regulierung etablieren kann: Spätere Aktivierungen der vormals abgewehrten Affekte werden nun eingebettet in ein komplexes Geflecht aus differenzierten Selbst- und Objektrepräsentanzen, die ihre Kohärenz durch die Affektaktivierung nicht verlieren. Die differenzierten Selbst- und Objektrepräsentanzen ermöglichen eine breite Variation an innerpsychischen und interpersonellen Reaktionen, die auf die aktuelle Situation abgestimmt werden können.

Gemäß der Heidelberger Umstrukturierungsskala (Rudolf et al., 2000) wäre demnach zu erwarten, dass die mit KVT behandelten Patienten regelmäßig die Ebene »Bewältigung« erreichen, während psychodynamisch behandelte Patienten häufiger die Ebene »Umstrukturierung« erreichen, was mit einer verbesserten Langzeitprognose für die Zeit nach Behandlungsende einhergeht (Grande et al., 2009). Der beständige Trend, dass die Effekte psychodynamischer Behandlungen nach Therapieende nicht nur anhalten, sondern sich häufig sogar noch steigern, weist zumindest in diese Richtung (vgl. Leichsenring u. Rabung, 2011; Benecke, 2014a).

3 Implikationen für die Praxis: Kann man sich im konzeptuellen Gemischtwarenladen beliebig bedienen?

Wie deutlich geworden ist, finden sich einerseits deutliche Annäherungen zwischen den Verfahren, sowohl die Grundlagenmodelle als auch die Veränderungstheorien betreffend. Andererseits bestehen weiterhin substanzielle Unterschiede, ebenfalls in beiden Theoriebereichen. Eine Frage, die sich angesichts der Dynamik der Konzeptentwicklungen stellt, ist die, inwiefern es sinnvoll und/oder legitim ist, sich einfach das für den jeweiligen Patienten »passende« Konzept individuell zusammenzustellen. Auch das sogenannte Äquivalenzparadox, demzufolge unterschiedliche therapeutische Herangehensweisen zu ähnlichen Behandlungsergebnissen führen, legt es auf den ersten Blick nahe, vornehmlich eklektizistisch zu praktizieren. Dem entgegen steht allerdings die Notwendigkeit für den Therapeuten, sein Handeln zumindest halbwegs stringent aus einer in sich konsistenten Störungs- und Veränderungstheorie ableiten zu können.

Es sei hier noch einmal Klaus Grawe in Erinnerung gerufen: »Psychologisch therapieren heißt, Mittel aus einem psychologisch begründeten Verständnis ihrer Wirkungsweise zum Einsatz zu bringen« (Grawe, 1998, S. IX). Grawe plädierte in verschiedenen Arbeiten für eine Integration unterschiedlicher therapeutischer Ansätze und betrachtete die »Therapieschulen« als historisch überholt. Bisher hat sich diese Position aber nicht durchsetzen können; eine Mischung von Techniken aus verschiedenen Verfahren schließen die Psychotherapie-Richtlinien explizit aus: »Psychoanalytisch begründete Verfahren und Verhaltenstherapie sind nicht kombinierbar, weil die Kombination der Verfahren zu einer Verfremdung der methodenbezogenen Eigengesetzlichkeit des therapeutischen Prozesses führen kann« (Psychotherapie-Richtlinie in der Fassung vom 19. Februar 2009). Dies macht insofern Sinn, als dass bisher keine übergeordnete integrative Theorie vorgelegt wurde, die es erlauben würde, die unterschiedlichen therapeutischen »Mittel aus einem psychologisch begründeten Verständnis ihrer Wirkungsweise zum Einsatz zu bringen«. Dazu müsste es nicht nur eine wirklich integrative und halbwegs konsensuelle Grundlagen- und Veränderungstheorie geben, sondern es müsste auch noch ein auf dieser Basis stehendes und zugleich empirisch fundiertes Wissen um die differenzielle Indikation der unterschiedlichen Techniken, bezogen auf ein schlüssiges Phasenmodell des therapeutischen Prozesses, vorliegen.

Davon sind wir noch weit entfernt. Andererseits scheinen viele niedergelassene Therapeuten sich der Begrenzung des Verfahrens, in dem sie ausgebildet wurden, bewusst zu sein und suchen entsprechend nach Erweiterungen ihres theoretischen Horizonts und behandlungstechnischen Spektrums. Aufgrund der fehlenden allgemeinen Rahmentheorie dürfte dies dazu führen, dass im sogenannten Feld unzählige gewissermaßen »private« Therapietheorien existieren, deren nutzbringende Anwendung dann der Kreativität und des Talents des jeweiligen Therapeuten unterliegt. Angesichts der Komplexität der unterschiedlichen theoretischen und behandlungspraktischen Ansätze und der damit verbundenen therapeutischen Haltungen bleibt dem praktisch tätigen Psychotherapeuten auch gar nichts anderes übrig. Von einem wissenschaftlichen Standpunkt aus ist dies natürlich eine höchst unbefriedigende Situation. Von daher gilt meines Erachtens bis auf Weiteres, sich in einem in sich stringenten Verfahren gut und gründlich ausbilden zu lassen, um sich von dieser gewissermaßen »sicheren Basis« aus die Freiheit zu nehmen, sich anderen Ansätzen anzunähern und sie auf ihre Integrationstauglichkeit für die jeweiligen konzeptuellen Rahmen zu prüfen.

Literatur

Ablon, J. S.; Jones, E. E. (1998). How expert clinicians prototypes of an ideal treatment correlate with outcome in psychodynamic and cognitive-behavioral therapy. Psychotherapy Research, 8, 71–83.

Alexander, F.; French, T. M. (1946). Psychoanalytic therapy: Principles and application. New York: Ronald Press.

Arbeitskreis OPD (2006). Operationalisierte Psychodynamische Diagnostik OPD-2. Das Manual für Diagnostik und Therapieplanung. Bern: Huber.

Arbeitskreis OPD-KJ (2013). OPD-KJ-2 – Operationalisierte Psychodynamische Diagnostik im Kindes- und Jugendalter. Grundlagen und Manual. Bern: Huber.

Baldwin, S. A.; Wampold, B. E.; Imel, Z. E. (2007). Untangling the alliance-outcome correlation: Exploring the relative importance of therapist and patient variability in the alliance. Journal of Consulting and Clinical Psychology, 75, 842–852.

Balint, M. (Hrsg.) (1966). Die Urformen der Liebe und die Technik der Psychoanalyse. Stuttgart: Klett.

Bänninger-Huber, E. (1996). Mimik – Übertragung – Interaktion. Die Untersuchung affektiver Prozesse in der Psychotherapie. Göttingen: Huber.

Bateman, A.; Fonagy, P. (2008). Psychotherapie der Borderline-Persönlichkeitsstörung. Ein mentalisierungsgestütztes Behandlungskonzept. Gießen: Psychosozial.

Beck, A. T. (1983). Cognitive therapy of depression. New perspectives. In P. J. Clayton, J. E. Barret (Eds.), Treatment of depression: Old controversies and new approaches (pp. 265–284). New York: Raven.

Beck, A. T.; Freeman, A.; Pretzer, J.; Davis, D. D.; Fleming, B.; Orraviani, R.; Beck, J.; Simon, K. M.; Padeski, C.; Meyer, J.; Trexler, L. (1999). Kognitive Therapie der Persönlichkeitsstörungen (4. Auflage). Weinheim: Beltz.

Belz-Merk, M.; Caspar, F. (2002). Emotionen in der Verhaltenstherapie. Psychotherapie im Dialog, 3, 134–141.

Benecke, C. (2014a). Klinische Psychologie und Psychotherapie. Ein integratives Lehrbuch. Stuttgart: Kohlhammer.

Benecke, C. (2014b). Psychoanalytische Modelle und Behandlungskonzepte der Persönlichkeitsstörungen. Psychotherapie im Dialog, 5, 36–39.

Benecke, C. (2015). Emotionen und Emotionsregulation. In W. Rief, P. Henningsen (Hrsg.), Psychosomatik und Verhaltensmedizin (S. 151–162). Stuttgart: Schattauer.

Benecke, C.; Brauner, F. (2016). Motivation und Emotion. Psychologische und psychoanalytische Perspektiven. Stuttgart: Kohlhammer.

Berns, U. (2000). Deutung. In W. Mertens, B. Waldvogel (Hrsg.), Handbuch psychoanalytischer Grundbegriffe (S. 131–136). Stuttgart: Kohlhammer.

Beutler, L. E.; Crago, M.; Arizmendi, T. G. (1986). Research on therapist variables in psychotherapy. In S. L. Garfield, A. E. Bergin (Eds.), Handbook of psychotherapy and behavior change (3rd ed., pp. 257–310). New York: Wiley.

Bhar, S., Beck, A. T. (2009). Treatment integrity of studies that compare short-term psychodynamic psychotherapy with cognitive-behavior therapy. Clinical Psychology: Science and Practice, 16, 370–378.

Bohus, M. (2011). Dialektisch-Behaviorale Therapie für Borderline-Störungen. In B. Dulz, S. C. Herpertz, O. F. Kernberg, U. Sachsse (Hrsg.), Handbuch der Borderline-Störungen (2. Auflage, S. 619–639). Stuttgart: Schattauer.

Bowlby, J. (1969/1975). Bindung. Eine Analyse der Mutter-Kind-Beziehung. München: Kindler.

Bowlby, J. (1973/1976). Trennung. Psychische Schäden als Folge der Trennung von Mutter und Kind. München: Kindler.

Brakemeier, E.-L.; Normann, C. (2012). Praxisbuch CBASP. Behandlung chronischer Depression. Basel: Beltz.

Caspar, F. (2007). Beziehungen und Probleme verstehen. Eine Einführung in die psychotherapeutische Plananalyse (3., überarbeitete Auflage). Bern: Huber.

Castonguay, L. G.; Goldfried, M. R.; Wiser, S.; Raue, P. J.; Hayes, A. M. (1996). Predicting the effect of cognitive therapy for depression. A study of human and common factors. Journal of Consulting and Clinical Psychology, 64, 497–504.

Clarkin, J. F.; Yeomans, F. E.; Kernberg, O. F. (2001). Psychotherapie der Borderline-Persönlichkeit. Manual zur Transferenced-Focused-Psychotherapy (TFP). Stuttgart: Schattauer.

Dammann, G.; Janssen, P.L. (Hrsg.) (2007). Psychotherapie der Borderline-Störungen. Stuttgart, New York: Thieme.

Dammann, G.; Walter, M.; Benecke, C. (2011). Identität und Identitätsstörungen bei Borderline-Persönlichkeitsstörungen. In B. Dulz, S. Herpertz, O. F. Kernberg, U. Sachsse (Hrsg.), Handbuch der Borderline-Störungen (S. 275–285) Stuttgart: Schattauer.

de Jong-Meyer, R. (2009). Kognitive Verfahren nach Beck und Ellis. In J. Margraf, S. Schneider (Hrsg.), Lehrbuch der Verhaltenstherapie. Bd. 1: Grundlagen und Verfahren (3. Auflage, S. 611–627). Berlin: Springer.

DGPT (2011). Stellungnahme zur Prüfung der Richtlinienverfahren gemäß §§ 13–15 der Psychotherapie-Richtlinie für die psychoanalytisch begründeten Verfahren. Forum der Psychoanalyse, 27, 1–85.

Döll-Hentschker, S. (2008). Die Veränderung von Träumen in Psychoanalysen. Affekttheorie, Affektregulierung, Traumkodierung. Frankfurt a. M.: Brandes & Apsel.

Elliott, R.; Watson, J. C.; Goldman, R. N.; Greenberg, L. S. (2008). Praxishandbuch der Emotions-Fokussierten Therapie. München: CIP-Medien.

Ellis, A. (1991). Die Entwicklung der Rational-Emotiven Therapie und der Kognitiven Verhaltenstherapie. In J. K. Zeig (Hrsg.), Psychotherapie: Entwicklungslinien und Geschichte (S. 195–233). Tübingen: Dgvt-Verlag.

Erikson, E. H. (1966). Identität und Lebenszyklus. Frankfurt a. M.: Suhrkamp.

Erikson, E. H. (1974). Dimensions of a new identity. New York: Norton.

Ermann, M. (2008). Freud und die Psychoanalyse. Entdeckungen, Entwicklungen, Perspektiven. Stuttgart: Kohlhammer.

Ermann, M. (2012a). Psychoanalyse heute. Entwicklungen seit 1975 und aktuelle Bilanz (2. Auflage). Stuttgart: Kohlhammer.

Ermann, M. (2012b). Psychoanalyse in den Jahren nach Freud. Entwicklungen 1940–1975 (2. Auflage). Stuttgart: Kohlhammer.

Fairbairn, W. R. (1952). Psychoanalytic studies of the personality. London: Tavistock/Routledge.

Fonagy, P.; Gergely, G.; Jurist, E. L.; Target, M. (2004). Affektregulation, Mentalisierung und die Entwicklung des Selbst. Stuttgart: Klett-Cotta.

Freud, A. (1936). Das Ich und die Abwehrmechanismen. München: Kindler.

Freud, S. (1900). Die Traumdeutung. GW II/III.

Freud, S. (1905). Drei Abhandlungen zur Sexualtheorie (S. 33–145). GW V.

Freud, S. (1908). Charakter und Analerotik (203–209). GW VII.

Freud, S. (1910a). Die zukünftigen Chancen der psychoanalytischen Therapie (S. 104–115). GW VIII.

Freud, S. (1910b). Über einen besonderen Typus der Objektwahl beim Mann (S. 66–77). GW VIII.

Freud, S. (1912). Zur Dynamik der Übertragung (S. 157–168). GW VIII.
Freud, S. (1915). Triebe und Triebschicksale (S. 209–232). GW X.
Freud, S. (1916–17). Vorlesungen zur Einführung in die Psychoanalyse. GW XI.
Freud, S. (1923). Das Ich und das Es (S. 237–289). GW XIII.
Freud, S. (1926). Hemmung, Symptom und Angst (S. 111–205). GW XIV.
Freud, S. (1933). Neue Folge der Vorlesungen zur Einführung in die Psychoanalyse. GW XV.
Grande, T. (2002). Therapeutische Haltung im Umgang mit »Struktur« und »Konflikt«. In G. Rudolf, T. Grande, P. Henningsen, P. (Hrsg.), Die Struktur der Persönlichkeit (S. 236–248). Stuttgart: Schattauer.
Grande, T.; Dilg, R.; Jakobsen, T.; Keller, W.; Krawietz, B.; Langer, M.; Oberbracht, C.; Stehle, S.; Stennes, M.; Rudolf, G. (2009). Structural change as a predictor of long-term follow-up outcome. Psychotherapy Research, 19, 344–357.
Grawe, K. (1987). Psychotherapie als Entwicklungsstimulation von Schemata. Ein Prozeß mit nicht vorhersehbarem Ausgang. In F. Caspar (Hrsg.), Problemanalyse in der Psychotherapie (S. 72–87). Tübingen: Dgvt-Verlag.
Grawe, K. (1998). Psychologische Therapie. Göttingen: Hogrefe.
Grawe, K. (2004). Neuropsychotherapie. Göttingen: Hogrefe.
Greenberg, L. S. (2002). Emotion-focussed therapy. Coaching clients to work through their feelings. Washington, DC: American Psychological Association.
Gross, J. J. (2001). Emotion regulation in adulthood: Timing is everything. Current Directions in Psychological Science, 10, 214–219.
Hayes, J. A.; Gelso, C. J.; Hummel, A. M. (2011). Managing countertransference. Psychotherapy (Chic), 48, 88–97.
Haynal, A. (1989). Die Technik-Debatte in der Psychoanalyse. Frankfurt a. M.: Fischer.
Heidenreich, T.; Michalak, J. (Hrsg.) (2009). Achtsamkeit und Akzeptanz in der Psychotherapie. Ein Handbuch. Tübingen: Dgvt-Verlag.
Heigl-Evers, A.; Ott, J. (2002). Die psychoanalytisch-interaktionelle Methode (4. Auflage). Göttingen, Zürich: Vandenhoeck & Ruprecht.
Heimann, P. (1950/1996). Über die Gegenübertragung. Forum der Psychoanalyse, 12, 179–184.
Henretty, J. R.; Levitt, H. M. (2010). The role of therapist self-disclosure in psychotherapy: A qualitative review. Clinical Psychology Review, 30, 63–77.

Hilsenroth, M. J.; Blagys, M. D.; Ackerman, S. J.; Bonge, D. R.; Blais, M. A. (2005). Measuring psychodynamic-interpersonal and cognitive-behavorial techniques: Development of the Comparative Psychotherapy Process Scale. Psychotherapy: Theory, Research, Practice, Training, 42, 340–356.

Hoffmann, S. O. (1984). Charakter und Neurose. Ansätze zu einer psychoanalytischen Charakterologie. Frankfurt a. M.: Suhrkamp.

Höger, D. (2006). Klientenzentrierte Therapietheorie. In: Eckert, J.; Biermann-Ratjen, E.-M.; Höger, D. (Hrsg.), Gesprächspsychotherapie. Lehrbuch für die Praxis (S. 117–138). Berlin: Springer.

Holodynski, M.; Hermann, S.; Kromm, H. (2013). Entwicklungspsychologische Grundlagen der Emotionsregulation. Psychologische Rundschau, 64, 196–207.

Horowitz, M. J. (1979). States of mind. New York: Plenum Press.

Horvath, A. O.; Del Re, A. C.; Flückiger, C.; Symonds, D. (2011). Alliance in individual psychotherapy. Psychotherapy (Chic), 48, 9–16.

Horvath, A. O.; Greenberg, L. S. (1989). Development and validation of the Working Alliance Inventory. Journal of Counseling Psychology, 36, 223–233.

Kanfer, F. H.; Reinecker, H.; Schmelzer, D. (2000). Selbstmanagement-Therapie – Ein Lehrbuch für die Praxis. Berlin: Springer.

Kazdin, A. E. (2009). Understanding how and why psychotherapy leads to change. Psychotherapy Research, 19, 418–428.

Kernberg, O. F. (1976/1981). Objektbeziehungen und die Praxis der Psychoanalyse. Stuttgart: Klett-Cotta.

Kernberg, O. F. (1996). Ein psychoanalytisches Modell der Klassifikation von Persönlichkeitsstörungen. Psychotherapeut, 41, 288–296.

Kihlstrom, J. (1999). The psychological unconscious. In L. A. Pervin, O. P. John, (Eds.), Handbook of personality: Theory and research (2nd ed., pp. 424–442). New York: Guilford.

Kohut, H. (1971). Narzißmus. Eine Theorie der psychoanalytischen Behandlung narzißtischer Persönlichkeitsstörungen. Frankfurt a. M.: Suhrkamp.

Kohut, H. (1979). Die Heilung des Selbst. Frankfurt a. M.: Suhrkamp.

Körner, J. (1989). Arbeit an der Übertragung? Arbeit in der Übertragung! Forum der Psychoanalyse, 5, 209–223.

Körner, J. (2015a). Die Deutung in der Psychoanalyse. Stuttgart: Kohlhammer.

Körner, J. (2015b). Psychotherapeutische Kompetenzen. Ein Praxismodell zu Kompetenzprofilen in der Aus- und Weiterbildung. Berlin: Springer.

Körner, J. (2016). Psychodynamische Interventionsmethoden. Göttingen: Vandenhoeck & Ruprecht.

Krause, R. (2012). Allgemeine psychodynamische Behandlungs- und Krankheitslehre. Grundlagen und Modelle (2., vollst. überarbeitete und erweiterte Auflage) Stuttgart: Kohlhammer.

Lammers, C.-H. (2007). Emotionsbezogene Psychotherapie. Grundlagen, Strategien und Techniken. Stuttgart: Schattauer.

Lazarus, R. J. (1991). Emotion and adaption. New York: Oxford University Press.

Lazarus, R. S.; Folkman, S. (1984). Stress, appraisal, and coping. New York: Springer.

Leichsenring, F.; Rabung, S. (2011). Long-term psychodynamic psychotherapy in complex mental disorders: update of a meta-analysis. British Journal of Psychiatry, 199, 15–22.

Lichtenberg, J. D. (1991). Psychoanalyse und Säuglingsforschung. Berlin: Springer.

Linehan, M. M. (1996). Dialektisch-behaviorale Therapie der Borderline-Persönlichkeitsstörung. München: CIP-Medien.

Lorenzer, A. (1970). Symbol, Sprachverwirrung und Verstehen. Psyche – Zeitschrift für Psychoanalyse und ihre Anwendungen, 12, 895–920.

Luborsky, L.; Crits-Christoph, P. (1998). Understanding transference. The Core Conflictual Relationship Theme Method (2nd ed.). New York: Basic Books.

McCullough, J. P. (2011). Therapeutische Beziehung und die Behandlung chronischer Depressionen: Cognitive Behavioral Analysis System of Psychotherapy (CBASP). Berlin: Springer.

Mentzos, S. (1984/1991). Neurotische Konfliktverarbeitung. Frankfurt a. M.: Fischer.

Mertens, W. (1994). Entwicklung der Psychosexualität und der Geschlechtsidentität. Band 1: Geburt bis zum 4. Lebensjahr (2., überarbeitete Auflage). Stuttgart: Kohlhammer.

Nagera, U. (1974). Psychoanalytische Grundbegriffe. Frankfurt a. M.: Fischer.

Ogden, T. H. (1988). Die projektive Identifikation. Forum der Psychoanalyse, 4, 1–21.

Rank, O.; Ferenczi, S. (1924). Entwicklungsziele der Psychoanalyse. Zur Wechselwirkung von Theorie und Praxis. Wien: Internationaler Psychoanalytischer Verlag.

Rogers, C. R. (1987). Eine Theorie der Psychotherapie, der Persönlichkeit und der zwischenmenschlichen Beziehungen. Köln: GwG.

Rudolf, G. (2004). Strukturbezogene Psychotherapie. Leitfaden zur psychodynamischen Therapie struktureller Störungen. Stuttgart: Schattauer.

Rudolf, G.; Grande, T.; Oberbracht, C. (2000). Die Heidelberger Umstrukturierungsskala. Ein Modell der Veränderung in psychoanalytischen Therapien und seine Operationalisierung in einer Schätzskala. Psychotherapeut, 45, 237–246.

Sachse, R. (2004). Persönlichkeitsstörungen. Leitfaden für die psychologische Psychotherapie. Göttingen: Hogrefe.

Sack, M. (2010). Schonende Traumatherapie. Ressourcenorientierte Behandlung von Traumafolgestörungen. Stuttgart: Schattauer.

Safran, J. D.; Muran, J. C.; Eubanks-Carter, C. (2011). Repairing alliance ruptures. Psychotherapy (Chic), 48, 80–87.

Sandler, J. (1960). The background of safety. International Review of Psychoanalysis, 41, 352–356.

Sandler, J. (1995). Über die Bindung an die inneren Objekte. Forum der Psychoanalyse, 19, 224–234.

Sandler, J.; Sandler, A.-M. (1985). Vergangenheitsunbewußtes, Gegenwartsunbewußtes und die Deutung der Übertragung. Psyche – Zeitschrift für Psychoanalyse und ihre Anwendungen, 39, 800–829.

Scherer, K. R. (1996). Emotion. In W. Stroebe, M. Hewstone, G. M. Stephenson (Hrsg.), Sozialpsychologie. Eine Einführung (S. 294–330). Berlin: Springer.

Schmitz, B.; Schuler, P.; Handke-Raubach, A.; Jung, A. (2001). Kognitive Verhaltenstherapie bei Persönlichkeitsstörungen und unflexiblen Persönlichkeitsstilen. Lengerich: Pabst.

Schneider, H. (1983). Auf dem Weg zu einem neuen Verständnis des psychotherapeutischen Prozesses. Bern: Huber.

Schramm, E.; Berger, M. (2011). Differenzielle Indikation für Psychotherapie am Beispiel der Depression. Nervenarzt, 82, 1414–1424.

Schüßler, G. (2002). Aktuelle Konzeption des Unbewußten – Empirische Ergebnisse der Neurobiologie, Kognitionswissenschaften, Sozialpsychologie und Emotionsforschung. Zeitschrift für Psychosomatische Medizin und Psychotherapie, 48, 192–214.

Selby, E. A.; Anestis, M. D.; Bender, T. W.; Joiner, T. E. (2009). An exploration of the emotional cascade model in borderline personality disorder. Journal of Abnormal Psychology, 118, 375–387.

Shedler, J. (2011). Die Wirksamkeit psychodynamischer Psychotherapie. Psychotherapeut 56, 265–277.

Sinderhauf, R. (2009). Wie sich Lachen und Weinen herzlich begegnen. Psychotherapie in Psychiatrie, Psychotherapeutischer Medizin und Klinischer Psychologie 14, 5–14.

Sloan, D. (2004). Emotion regulation in action: Emotional reactivity in experiential avoidance. Behaviour Research and Therapy, 42, 1257–1270.

Stenzel, N.; Rief, W. (2011). Operationalisierte Fertigkeitsdiagnostik zur Therapieplanung. Klinische Diagnostik und Evaluation 4, 111–132.

Stern, D. N. (1992). Die Lebenserfahrung des Säuglings. Stuttgart: Klett-Cotta.

Stern, D. N. (1996). Ein Modell der Säuglingsrepräsentation. Forum der Psychoanalyse 12, 187–203.

Thomä, H.; Kächele, H. (2006). Lehrbuch der psychoanalytischen Therapie. Band 1. Berlin: Springer.

Wampold, B. E.; Imel, Z. E. (2015). The great psychotherapy debate. The evidence for what makes psychotherapy work (2nd ed.). New York: Routledge.

Watson, J. B. (1928). The psychological care of infant and child. New York: W. W. Norton & Co.

Weiß, J.; Sampson, H. (1986). The psychoanalytic process: Theory, clinical observation and empirical research. New York: Guilford.

Werthmann, H. V. (1983). Psychoanalytische Deutung. In W. Mertens (Hrsg.), Psychoanalyse – Ein Handbuch in Schlüsselbegriffen (S. 151–158). München: Urban & Schwarzenberg.

Westen, D. (1997). Towards a clinically and empirically sound theory of motivation. International Review of Psycho-Analysis, 78, 521–548.

Westen, D. (1998). The scientific legacy of Sigmund Freud: Toward a psychodynamically informed psychological science. Psychological Bulletin 124, 333–371.

Wilken, B. (2002). Kognitive Therapie und die Arbeit an Emotionen – ein Widerspruch? Psychotherapie im Dialog 3, 142–147.

Wilken, B. (2006). Methoden der Kognitiven Umstrukturierung. Ein Leitfaden für die psychotherapeutische Praxis (3. Auflage). Stuttgart: Kohlhammer.

Wöller, W.; Kruse, J. (2005). Tiefenpsychologisch fundierte Psychotherapie. Basisbuch und Leitfaden (2. Auflage). Stuttgart: Schattauer.

Young, J. E.; Klosko, J. S.; Weishaar, M. E. (2005). Schematherapie. Ein praxisorientiertes Handbuch. Paderborn: Junfermann.

Zimmermann, J.; Ehrenthal, J. C.; Cierpka, M.; Schauenburg, H.; Doering, S.; Benecke, C. (2012). Assessing the level of structural integration using Operationalized Psychodynamic Diagnosis (OPD). Implications for DSM-5. Journal of Personality Assessment 94, 522–532.

Znoj, H. (2002). Die Bedeutung von Emotionen auf dem Weg zu einer allgemeinen Psychotherapie. Psychotherapie im Dialog 3, 153–156.